春壹晚日

诗词宜春

宜春印象 \ 丛书主编 鄢文龙

鄢文龙　皮志清　主编

暨南大学出版社
JINAN UNIVERSITY PRESS

中国·广州

图书在版编目（CIP）数据

诗词宜春／鄢文龙，皮志清主编. —广州：暨南大学出版社，2016.7
（宜春印象）
ISBN 978 - 7 - 5668 - 1879 - 9

Ⅰ. ①诗…　Ⅱ. ①鄢…②皮…　Ⅲ. ①古典诗歌—中国—初中—课外读物　Ⅳ. ①G634. 303

中国版本图书馆 CIP 数据核字（2016）第 142237 号

诗词宜春
SHICI YICHUN
主　编：鄢文龙　皮志清
···

出 版 人：徐义雄
策划编辑：杜小陆　潘江曼
责任编辑：潘江曼　谢佳漫
责任校对：邓丽藤　刘雨婷
责任印制：汤慧君　王雅琪

出版发行：暨南大学出版社（510630）
电　　话：总编室（8620）85221601
　　　　　营销部（8620）85225284　85228291　85228292（邮购）
传　　真：（8620）85221583（办公室）　85223774（营销部）
网　　址：http：//www. jnupress. com　http：//press. jnu. edu. cn
排　　版：广州良弓广告有限公司
印　　刷：深圳市新联美术印刷有限公司
开　　本：850mm×1168mm　1/32
印　　张：7. 25
字　　数：202 千
版　　次：2016 年 7 月第 1 版
印　　次：2016 年 7 月第 1 次
定　　价：28. 00 元

序

　　宜春学院鄢文龙教授最近与我联系，希望我为他主编的《诗词宜春》作序。鄢教授是我的老朋友，去年我到萍乡时匆匆到访过宜春，《诗词宜春》又是作为地方教材开发的语文读本，与我的工作关系密切。这样，无论于公于私，还是于情于理，写这篇序既是当仁不让，也是乐于为之的。

　　我与鄢教授的结识，颇有些机缘巧合。1991 年，我从西北某高校来北京攻读博士学位。大约半年后，收到从原工作单位转来的一封信，就是鄢教授写给我的。当时他在江西高安的一所中学当语文老师，报考南开大学古汉语专业研究生，因为外语差几分，不能正式录取。他就写信给我，说是看了我发表的不少论文，想必也能招汉语史方向的研究生，西北地处偏远，录取分数线应该稍低些，问我能不能录取。那么久没有收到我的回信，显然已让他深感失望。尽管早已时过境迁，而且素未谋面，但因为我当初也是由中学教师考取研究生的，加上他那诚恳的求学态度，不禁令我肃然起敬。于是我就给他回信，除表示歉意、说明情况外，还以自己的亲身经历，鼓励他继续努力，争取改变自己的人生命运。我们就这样靠书信成了朋友。我在信中不断得到他的好消息，先是说调到了高安中学，后来又说调到宜春学院，当了大学老师，著作颇丰，研究领域涉及修辞学、宜春文化名人、高考命题及课程与教学论，成为知名语言学教授。去年，借江西萍乡邀我参加教研活动之机，我就抽空去看他。虽然我们是第一次见面，但因神交已久，相谈甚欢，我对宜春的认识也得以逐步加深。

　　前几年网上有则广告"一个叫春的城市"，一夜之间让宜春

红遍大江南北。宜春位于江西省西北部，北望九江，东邻南昌，东南接抚州，南靠吉安、新余，西南连萍乡，西北则近湖南的长沙、岳阳。公元前201年，汉高祖手下大将灌婴率军驻扎在秀江河畔，人们惊喜地发现，此地"侧有暖泉，从地涌出，夏冷冬暖，清澄如镜，莹媚如春，饮之宜人"，"宜春"由此得名。因境内有袁河，故又称袁州。晋代大诗人陶渊明"始家宜丰，后迁柴桑，晚年复归"。人教版高中语文教材有一传统保留篇目，即唐代王勃《滕王阁序》，文中"物华天宝，龙光射牛斗之墟；人杰地灵，徐孺下陈蕃之榻"，据说这"龙光"宝剑即藏于今丰城荣塘，"徐孺"指汉代名士徐稚，丰城白土人。韩愈担任宜春刺史时，曾写下"莫以宜春远，江山多胜游"的诗句。朱熹也有"我行宜春野，四顾多奇山"的兴叹。中国佛教史上著名的"马祖兴丛林、百丈立清规"源于靖安宝峰寺和奉新百丈寺，临济宗之于宜丰黄檗，曹洞宗之于宜丰洞山，沩仰宗之于明月山仰山，禅宗三大祖庭都与宜春有着密切关系。这里自古以来就有尊师重教的传统，曾获"江西进士半袁州"的美誉，南宋著名学者李觏撰有《袁州州学记》。建于南唐保大二年（944）的袁州谯楼，是世界上现存最古老的地方天文台。明代科技文献《天工开物》的作者宋应星出自奉新，当代物理学家吴有训出于高安。

为了进一步弘扬中华优秀传统文化，丰富语文教学资源，发挥宜春历史文化遗产在语文教学中的重要作用，鄢文龙教授、皮志清校长领衔主编了这本《诗词宜春》。该书以七至九年级学生为读者对象，选入历代名家咏宜春及本土作家颂宜春的诗歌数十首，既有韩愈、李白、王安石、苏轼、朱熹、杨万里、李梦阳、王士禛等文学名家，也有如陶渊明、易重、卢肇、黄颇、刘眘虚、郑谷、刘攽、姚勉、周德清、严嵩、李乔松等宜春本土作家。通过诵读这些与宜春有关的诗词，能够让宜春学子扩大视野，开阔思路，更加全面、深入地了解宜春自然山水，认识宜春历史文化，培育作为宜春人的自豪感，进而激发他们热爱家乡、报效祖国、服务人民的思想感情。尤其值得称道的是，编者还独具匠心地设计了"知人论世""助学通道""含英咀华""穿越时空""沙场点兵"等栏目,注重阅读过程中的体验与实践,把课外阅读与语文阅读能力训练巧妙地结合在一起,既有鲜明的时代气息与地方特色,又能够有效提高学生的语文素养。据说他们还将陆续开发供小学生阅读的《故事宜春》、供高中生阅读的《美文宜春》等,打通小学、初中到高中,打造一套具有宜春地方特色的"宜春印象"语文系列读本。我闻之欣喜,期盼早日如愿以偿,以便让更多的宜春学子受惠。

顾之川
2016 年 6 月 21 日
序于京东大运河畔之两不厌居

（顾之川，人民教育出版社编审，课程教材研究所研究员，兼任中国教育学会中学语文教学专业委员会理事长）

目 录

CONTENTS

001　序

诗

002　还旧居（陶渊明）
006　西塞山下回舟作（陶　岘）
009　吊边人（沈　彬）
012　祖席·得秋字送王涯刺袁州（韩　愈）
016　及第后寄弟侄（易　重）
019　别宜春赴举（卢　肇）
022　闻宜春诸子陪邓太守玩月（黄　颇）
027　古风之十六·丰城剑（李　白）
030　归桃源乡（刘眘虚）
033　袁州作（韦　庄）
037　鹧鸪（郑　谷）
041　宜春台（刘嗣隆）
045　送春长句呈泰伯先生（祖无择）
048　寄袁州曹伯玉使君（王安石）
052　晒书（刘　敞）
056　绿筠亭（苏　轼）
059　筠州州宅双莲（苏　辙）
062　途中（赵汝镵）
065　咏雪（文　仪）

068　　　龙雾洲雪（刘辰翁）

071　　　同林择之范伯崇归自湖南袁州道中多奇峰秀水怪石清
　　　　　泉人赋一篇（朱　熹）

075　　　袁州化成岩李卫公谪居之地（戴复古）

078　　　登碧落堂（杨万里）

081　　　新晴晓步（姚　勉）

084　　　京下思归（范　梈）

087　　　归　舟（揭傒斯）

090　　　雨泊丰城（李梦阳）

094　　　游山诗（况　钟）

098　　　百丈寺（蔡国珍）

102　　　敖峰叠翠（王　纲）

105　　　登蒙山（陆时雍）

108　　　樟树镇（潘　耒）

111　　　苦竹洲闻雁（王士禛）

115　　　寓静安寺书壁（严　嵩）

119　　　题袁州昌黎书院壁示学官弟子·用旧题潮州韩山韵（二
　　　　　首）（翁方纲）

125　　　偶过西村（之二）（朱　轼）

129　　　丙申春日题胡氏含晖园壁（晏善澄）

132　　　渊明故里（胡纬民）

136　　　坤山夕照（周　澍）

139　　　钓鱼台（卢尔洛）

142　　　柳　絮（辛素霞）

145　　　脉滩天柱峰（刘显祖）

149　　　西园晚霁（李乔松）

152　　　莲池曲（白　采）

词

156　　浣溪沙·妙高墨梅（惠　洪）

159　　清平乐（刘　敞）

162　　画堂春·正月十六日夜宴幕属因赋（龚　端）

164　　八声甘州·中秋前数夕，久雨方晴（向子諲）

167　　醉花阴（杨无咎）

169　　六州歌头·渊明祠（袁去华）

172　　金人捧露盘·钱塘怀古（罗志仁）

174　　水调歌头·寿衡守季国正（舒邦佐）

177　　行香子·寿邓宰母二月初五（傅大询）

179　　贺新郎·西湖（刘德秀）

182　　减字木兰花·杜南安和昌仙词见示，次韵酬之（徐鹿卿）

184　　昭君怨·醉别小妓丽华（郭应祥）

186　　玉楼春（朱景文）

188　　朝中措（王武子）

191　　祝英台近·寿张路钤四月初一（李义山）

194　　水调歌头·致仕得请（徐经孙）

197　　酹江月·子庆母八十（熊大经）

200　　水调歌头·临桂水月洞（曾宏正）

204　　念奴娇（王义山）

207　　霜天晓角·湖上泛月归（姚　勉）

210　　疏　影（彭履道）

213　　木兰花慢·清明后赏牡丹（姚云文）

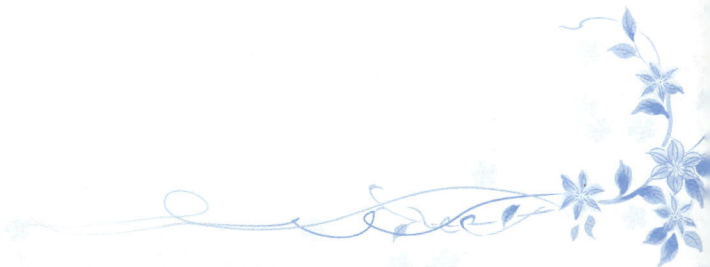

曲

216　　［南吕］干荷叶（刘秉忠）

220　　［正宫］塞鸿秋·浔阳即景（周德清）

诗
Shi

1. 还旧居[1]

陶渊明

畴昔家上京[2]，六载去还归[3]。

今日始复来[4]，恻怆[5]多所悲。

阡陌不移旧[6]，邑屋或时非[7]。

履历[8]周故居，邻老罕复遗。

步步寻往迹，有处特依依[9]。

流幻百年中，寒暑日相推。

常恐大化尽[10]，气力不及衰[11]。

拨置[12]且莫念，一觞[13]聊可挥。

知人论世

陶渊明（约365—427），字元亮（又一说名潜，字渊明），号五柳先生，私谥"靖节"。汉族，东晋浔阳柴桑（今江西九江）人，一说江西宜丰澄塘秀溪人。东晋末期南朝宋初期诗人、文学家、辞赋家、散文家。曾任江州祭酒、建威参军、镇军参军、彭泽县令等职。最末一次出仕为彭泽县令，八十多天后便弃职而去，从此归隐田园。他是中国第一位田园诗人，被称为"古今隐逸诗人之宗"，有《陶渊明集》。田园生活是陶渊明诗的主要题材，相关作品有《饮酒》《归园田居》《桃花源记》《五柳先生传》《归去来兮辞》等。

助学通道

[1] 旧居：从前住过的地方。亦指从前居住过的房子。此处指陶渊明住过的地方或陶渊明的故乡。

[2] 畴（chóu）昔：往昔，从前。畴：语助词，无义。时间约为义熙元年（405），诗人由彭泽归田那一年，从旧居迁往上京居住。

上京：地名，当距旧居不远。

  [3] 六载：诗人在上京居住的时间。去：离开。去还归：谓常来常往，指经常回柴桑探望。

  [4] 来：归来。

  [5] 恻怆（cè chuàng）：凄伤悲痛。

  [6] 阡陌（qiān mò）：田间小路，这里指农田。不移旧：没有改变原先的样子。

  [7] 邑屋：邑里的房舍、村舍；邑，旧指县。或：可作"有的""某些"解。

  [8] 履历：谓亲自经历过。

  [9] 依依：依恋不舍的样子。

  [10] 大化尽：指生命结束。大化：原指人生的变化，《列子·天瑞》："人自生至终，大化有四：婴孩也，少壮也，老耄也，死亡也。"后遂以"大化"作为生命的代称。

  [11] 衰（cuī）：减少。

  [12] 拨置：废置、搁置。

  [13] 觞（shāng）：古代盛酒器，借指饮酒。

含英咀华

  《还旧居》约作于晋安帝义熙十三年（417），陶渊明五十三岁时。诗题"旧居"指柴桑旧居，一说指陶渊明故乡宜丰秀溪一带。陶渊明始居柴桑，约四十一岁时迁居上京。在上京居六年，又迁居南村。诗人居上京时，常往来于旧居之间，所以此诗说"畴昔家上京，六载去还归"，然迁至南村后，已多年未回旧居。这次回到阔别已久的故地，见物是人非，大有沧桑之悲。在感慨万千之中，尤觉岁月易逝，人生无常，于是写下了这首凄凉哀怨的诗歌。

  诗中开篇四句写道，自己和家人曾经在上京这个地方居住过很长时间，后来因故搬迁，离开了六年，现在又回来了。回来后再次回到旧居，发现已经物是人非，所以悲从中来，深感哀伤。

"阡陌不移旧，邑屋或时非。履历周故居，邻老罕复遗。"描述所看到的变化：纵横交错的田野不改旧貌，村里住宅有的已不是当年的模样。绕着故居踟蹰漫步，邻里老人少有健在，让人无限伤感。

"步步寻往迹"二句：诗人期待重温旧时的记忆，仔细地探寻，好不容易寻到一处没有变化的地方，心酸不已，久久地立在那里不舍离去。

"流幻百年中，寒暑日相推"二句：诗人开始感慨人生的短暂，寒暑交替日日不停息，人生只不过是虚幻的百年。

"常恐大化尽，气力不及衰"二句：常常惶恐死亡的降临，未衰便气绝身亡。这两句尽显了作者对人生的留恋、对死亡的恐惧和无奈。

最后二句：诗人强迫自己从不良的情绪中摆脱出来，"拨置且莫念，一觞聊可挥"，抛开这一切不要去牵挂，一醉方可挥去这哀伤与惶恐。

时隔六年，陶渊明重返旧居，引发其无限感慨——哀伤岁月流逝、物是人非、人生虚幻以及对死亡的惶恐、无奈，只有开怀畅饮，以忘掉这人生的哀伤与惶恐。对人生虚幻的哀伤，对死亡辞世的惶恐，这是人之常情，诗人陶渊明也不例外。陶渊明敢于敞露自己真实思想，正表明他为人的坦荡和真诚，何况他并不仅仅哀伤和惶恐于形骸的消失，更多的还是哀伤社稷的动荡不安，惶恐自己无所成就。因此，陶渊明才这样受人喜爱和尊重。

穿越时空

还旧居

从前家在上京时，六载之间常来归。
时隔多年今再来，凄凉哀痛多伤悲。
田地未改旧模样，村舍时有面目非。
故居四周走访遍，邻里老人少存遗。
漫步寻觅旧踪迹，不时使我情恋依。

人生漂荡多变幻，寒来暑往岁月催。
常恐生命忽终止，身体气力未尽衰。
抛开此事莫再想，姑且饮酒干此杯。

沙场点兵

1. 品读全诗，你最喜欢哪句？说说你的理由。

2.《还旧居》与其《归园田居》（其一）所表达的感情有何不同？

归园田居（其一）
陶渊明

少无适俗韵，性本爱丘山。
误落尘网中，一去三十年。
羁鸟恋旧林，池鱼思故渊。
开荒南野际，守拙归田园。
方宅十余亩，草屋八九间。
榆柳荫后檐，桃李罗堂前。
暧暧远人村，依依墟里烟。
狗吠深巷中，鸡鸣桑树颠。
户庭无尘杂，虚室有余闲。
久在樊笼里，复得返自然。

参考答案

1."流幻百年中，寒暑日相推。常恐大化尽，气力不及衰。"这四句尽显了作者对人生的留恋、对死亡的恐惧和无奈，其真诚与坦荡足以令后人动容。

2.《还旧居》充溢着一股世道变化太快、人生如梦、有志未骋的凄楚情绪。彷徨无助和伤感孤独是这首诗的情感基调。

《归园田居》从对官场生活的强烈厌倦，写到田园风光的美好动人、农村生活的舒心愉快，流露了一种如释重负的心情，表达了诗人对自然和自由的热爱。

（彭春燕）

2. 西塞山下回舟作

陶岘

匡庐旧业是谁主[1]？吴越新居安此生。
白发数茎归未得，青山一望计还成。[2]
鸦翻[3]枫叶夕阳动，鹭立芦花秋水明。
从此舍舟何所诣[4]？酒旗歌扇正相迎。

知人论世

　　陶岘，唐代诗人，浔阳柴桑（今江西九江西南）人。一说江西宜丰澄塘秀溪人。晋代彭泽令陶渊明第九代嫡孙。唐开元二年（714），全家迁至昆山（今属江苏）千灯陶家桥。他家有良田千顷广厦千间，骡马成群仆从如云，过着富可敌国的奢华生活。但他性格疏脱自放，不谋仕进，自号"麋鹿野人"。他与当时的名士孟彦深、孟云卿、焦遂等人为友，喜好游览，足迹踏遍吴越的山水名胜，往往数月不归，"言终当乐死山水"，时人称之为"水仙"。浪迹江湖三十余年，后游襄阳西寨，归老于吴地。擅长经济，也以文学自诩。精通音律，撰《乐录》八章，江南丝竹首创者。著有《陶真野集》十卷，《风月散人乐府》八卷。

助学通道

　　[1] 匡（kuāng）庐：指江西的庐山。旧业：前人的事业。这里指旧居。"匡庐旧业是谁主"：祖辈留下的老房子现在谁成了它的新主人？

　　[2] 茎（jīng）：长条形的东西，唐·卢延让《苦吟》："吟安一个字，捻断数茎须。"数（shù）茎：许多根。归：回家。未得：不能够。归未得：指无法回家。计：回家的计划。还（hái）：依旧、依然。成：成功。

诗词宜春
006

[3] 鸦翻：乌鸦翻飞。"鸦翻枫叶夕阳动，鹭立芦花秋水明"：乌鸦翻动枫叶，使得叶上的夕阳之光不停地晃动；白鹭站在芦花滩上，映得秋水格外澄明。

[4] 舍（shě）：舍弃。诣（yì）：到……去。

含英咀华

子曰："智者乐水，仁者乐山。"陶岘就是这样一位喜好游览山水的诗人。他的足迹踏遍吴越的山水名胜，被时人称为"水仙"。

陶岘文采不凡，继承了祖父陶渊明的衣钵。陶渊明当年不愿为五斗米折腰，陶岘有过之而无不及，不愿出仕为官，整日与孟彦深、孟云卿、焦遂三位游山玩水。但他的三个宝物之一——摩柯的去世，让陶岘变身"宅男"，再也不外出云游了。诗的首联是说，旧居换了新主人，所以只能在吴越之地居住。颔联是说，白发苍苍想回家却不能，看看青山依旧，尚且可以回归。通过"归未得""计还成"中的"未""还"这一对反义词反映出诗人的矛盾心理。浪迹江湖大半辈子的他，想到回家，有种"近乡情更怯"的心理。经过激烈的思想斗争，陶岘决定还是让自己的灵魂回到家里，不再漂泊。但对热衷于游山玩水的陶岘来说，想到以后要远离山水名胜，回到平凡的家庭生活，他内心有多么的不舍。"鸦翻枫叶夕阳动，鹭立芦花秋水明"，则写出了光与色的变幻和对比。乌鸦翻动枫叶，使得叶上的夕阳之光不停晃动；白鹭站在芦花滩上，映得秋水格外澄明。上句是红与黑的对比，下句是青与白的映照。色彩在诗人笔下产生了神奇的美感。"一切景语皆情语"，"鸦""枫叶""夕阳""鹭""芦花""秋水"这一系列景物的描写正是诗人远离山水忧伤心情的表现。可见他的人品和诗风都受到其祖父陶渊明的影响。

西塞山下回舟作

旧居换了新主人，移家至吴越之地。
白发苍苍回家难，青山依旧尚可归。
乌鸦翻飞枫叶动，白鹭立在芦花上。
从此弃船去哪儿，在家喝酒看歌舞。

沙场点兵

1. 找出并品析诗中写景的诗句。
2. 品味全诗，你最喜欢哪一句？试说说你喜欢的理由。

参考答案

1. 示例：写景的诗句是"鸦翻枫叶夕阳动，鹭立芦花秋水明"。运用对偶的修辞手法，色彩鲜明，上句是红与黑的对比：翻飞的黑色乌鸦，如血的夕阳和枫叶。下句是青与白的映照：白色的鹭和芦花，碧绿的秋水。写法上一动一静，给读者呈现了一幅美丽而又略带忧伤的画卷。通过这些景物描写，传达出诗人对游山玩水生活的留恋与不舍。

2. 示例：我最喜欢"从此舍舟何所诣？酒旗歌扇正相迎"。作者一问一答，毫不掩饰自己真实的志趣与想法。从中可以看出作者继承了祖父陶渊明率真、崇尚自由的人品与诗风。

（易美平）

3. 吊边人

沈 彬

杀声沉后海风悲[1]，汉月高时望不归[2]。
白骨已枯沙上草[3]，家人犹自寄寒衣[4]。

知人论世

沈彬（863？—957？），晚唐诗人，字子美，筠州（今江西省高安、上高一带）高安人。约唐宣宗大中七年（853）至周世宗显德四年（957）间在世，终年约90岁。自幼苦学，但多次应举不第。于是南游衡湘，隐居云阳山十余年，和诗僧齐己、虚中交往。后又浪迹巴蜀，与韦庄、贯休、郑光庭等人唱和，唐末徙居宜春。据说南唐迁都洪州时，他还受到南唐中主李璟的召见。他好神仙，喜赋诗，句法清美。他的诗内容较广泛，现实性较强。著有诗集一卷，《全唐诗》及《外编》录诗28首。

助学通道

[1] 沉：沉寂。悲：悲鸣。"杀声沉后海风悲"：一场战争过后，战场沉寂下来了，只有海风在悲鸣。

[2] 汉月高时：月亮高高挂着的时候。汉月：汉朝的月亮。这里用汉朝暗指唐朝。望不归：没看到征人回家。归：回家。"汉月高时望不归"：明月高挂之时，家人遥望却未见征人回来。

[3] 枯：干枯。草：长草。

[4] 犹自：仍然。寒衣：御寒的衣服。

含英咀华

唐朝末年，国力衰微，百姓苦于战乱。边塞诗继承了盛唐、中唐边塞诗的部分传统，以反战题材为主，但更显得低沉悲凉，

染上了日落西山的时代色彩。《吊边人》就是这样一首边塞诗。

　　这首诗在叙述之外丝毫不加议论，也未曾抒发感情，但其酸楚已使读者不忍卒读。表面看来，作者对诗中的边塞战争既不歌颂，也未诅咒。但诗歌第一句中的"悲"字含蓄地写出了整场战争的残酷和惨烈。第二句写征人未还，有穿越时空的历史感，诗人所看到的，不是一时一地的出塞将士远去不归，而是千百年来，绵延不断的热血男儿悲壮而惨烈的出征场面，让诗句充满了历史的沧桑感，诗人联想到王昌龄的"秦时明月汉时关，万里长征人未还"。诗的后两句"白骨已枯沙上草，家人犹自寄寒衣"是说战死之人，骨头都已干枯，坟上已长满野草，家人却不知道他已战死，还年年给他寄御寒的衣服。在这看似平白无味的话里，蕴含着诗人深沉的感情。戍边的丈夫死了，对于在家里苦苦思恋的妻子来说，这无疑是一个悲剧。但更大的悲剧是，作为悲剧主角的妻子，竟全然不知道悲剧的存在，仍一厢情愿地思念着丈夫，相信他会回来，却怎么也不会想到自己赶制无数个日夜、满载牵挂、饱含爱意的征衣竟寄给了冰冷的尸体！悲剧无疑是值得同情的，但身处悲剧而浑不知情的不幸者，不是更让人心酸吗？这实际上是作者对发动这场战争的统治者的无声谴责。诗中通过"海风""汉月"的环境渲染，"已枯""犹寄"的壮烈对比，产生出悲惨、凄绝的艺术效果，充分表现了诗人对牺牲战士及其妻子的无限同情，使人联想起陈陶的名句"可怜无定河边骨，犹是春闺梦里人"（《陇西行》）。

穿越时空

吊边人

战后沉寂海风悲鸣，明月高挂家人盼归。
白骨已枯坟上长草，家人仍寄御寒冬衣。

沙场点兵

1. 品味全诗，谈谈你最喜欢哪一句诗，试说说你喜欢的理由。

2. 说说这一首诗具有怎样的艺术风格。

参考答案

1. 示例："白骨已枯沙上草，家人犹自寄寒衣。"运用对比的写作手法，将已死战士的白骨已枯与已死战士家人寒衣犹寄做对比，产生出悲惨、凄绝、震撼人心的艺术效果，表达出诗人对牺牲战士及其妻子的无限同情，流露出诗人对战争的厌恶。

2. 示例：四句诗纯是叙事，不发任何议论，而倾向性却从作者提炼出来的典型事件上自然流露出来。艺术风格显得自然、平淡、质朴。但平淡并不浅露，思想深刻，很耐人寻味，且能平中见奇。

（易美平）

4. 祖席[1]·得秋字送王涯刺袁州

韩　愈

淮南悲落木[2]，而我亦[3]伤秋。

况与故人别，那堪羁宦[4]愁。

荣华[5]今异路，风雨[6]昔同忧。

莫以宜春远，江山多胜游[7]。

知人论世

韩愈（768—824），字退之，号昌黎。唐代河南府河阳（今河南省孟州市）人，贞元八年（792）进士，历官四门博士、监察御史等职，著有《昌黎先生集》。宪宗时随裴度平定淮西藩镇之乱，擢刑部侍郎。元和十四年（819）因上疏谏迎佛骨，触怒宪宗，贬潮州刺史；同年十月量移袁刺史，守袁约十个月，颇多惠政。后奉诏回京任国子祭酒，转兵部侍郎，终吏部侍郎，卒谥"文"。世称"韩吏部""韩文公"。一生致力于古文运动，力主"文以载道"，开一代文风，为"唐宋八大家"之首。其诗富于革新精神，于李、杜之外，另辟奇崛险怪一路，强调"笔补造化"，以文为诗，对宋诗影响很大。

助学通道

[1] 祖席：饯别的宴席。得秋字为韵。《全唐诗》收录此诗在第 344 卷，诗题即为"秋"。

[2] 淮南：淮南王刘安。《淮南子·说山》中有"桑叶落而长年悲"句。本句在《全唐诗》中为"淮南悲木落"，"落木"即落叶。

[3] 亦：也。

[4] 羁宦：在他乡做官，或言从京城外放为官。外放常有贬谪

之意，经常受到监视，官身不得自由，有所羁绊，故言"羁宦"。

[5] 荣华：荣华富贵。此处疑暗用《淮南子·说林》篇中"有荣华者，必有憔悴"之意。

[6] 风雨：《诗经·风雨》篇中有"风雨如晦，鸡鸣不已"之句，表示天时不利，忧思君子之情。

[7] 胜游：快意地游览。金·元好问《探花词》："美酒清歌结胜游，红衣先为渚莲愁。"明·杨慎《自香松堡至金龙哨》："云隈月渚两风流，并马探春亦胜游。"

含英咀华

　　韩愈与王涯是同年进士，兼有与皇甫湜（shí）之谊。806年，韩愈的门生皇甫湜在对策中触犯了宰相，牵连到其舅王涯，致王涯被贬袁州，任刺史。时任东都博士的韩愈前去送行并送给他这首诗。首联主要写木落悲秋，古今同慨。"淮南"即西汉淮南王刘安，他在《淮南子·说山》中，有"桑叶落而长年悲"之句。在古汉语中，"悲"和"伤"虽为同义词，但"伤"比"悲"在感情上更深一层。因而诗人的伤感就不是一般意义上的悲秋之慨了，而是附着了诗人对朋友冤情的理解与悲伤。颔联"况与故人别，那堪羁宦愁"承首联之意而再推进一步，有情人见秋叶落本来就伤悲，更何况是在这愁心的季节要与好友相别呢？故人相别，已是痛苦难耐，更何况再加上羁宦之愁呢？这一联中的虚词用得好，"况与"与"那堪"相搭配，至少有两点妙处：一是几层意思相递进，一层更比一层深入；二是这种"流水对"，转折轻灵，语气如行云流水，使人觉得似乎未用对仗，而实际上却是十分工稳的对偶。"荣华今异路，风雨昔同忧"意思是：当年同科进士有荣华之乐，如今虽然与你成为异路之人，但还愿意与君子风雨同忧。这一联转入回顾友情和叙述今日之悲。上句暗用《淮南子·说林》篇中"有荣华者，必有憔悴"之意，下句用《诗经·风雨》篇中"风雨如晦，鸡鸣不已"之语，表示天时不利，忧思君子之情。用典自然贴切，读之不觉是在用典，

而是肺腑之言。并且这种"不能同乐，便来同忧"的感情，更体现出友人间的关怀。"莫以宜春远，江山多胜游"，尾联归结到送别的用意上来，劝朋友要想得开，保持乐观开朗的心绪。其实此时的韩愈也并未到过宜春，他完全是以劝慰的姿态来开导对方：不要以为属于江南西道的宜春离京城太远，那里的江山如画，风光宜人，希望您能在那里畅快地欣赏。这一句堪比王勃"海内存知己，天涯若比邻"的名句，且在意义上表现得更加丰富动人。因为王勃的诗只单纯表现了"身可离而心相近"之意，而韩愈的诗却替友人着想，提出了如何解脱精神苦恼的劝勉。

这首诗在艺术上有三个特点：①此诗的虚词用得好，典故用得活，叙述友情和劝勉友人，皆能情真意切；②诗人虽然写的是一首格律严格的律诗，但一气呵成，明白如话；③表现手法上不即不离，使深情厚谊溢于言外。

穿越时空

祖席·得秋字送王涯刺袁州

淮南王见草零叶落而伤，我们不免效其感伤深秋。
老友离别已是痛苦难耐，况受贬谪他乡为官之愁。
本想与你共享富贵荣华，虽异路愿与君风雨同忧。
不要担心宜春离京太远，那里江山如画真值一游。

沙场点兵

1. 诗中有你喜欢的句子吗？如果有，请你把它抄下来，并说说你为什么喜欢。

2. 这首诗表达了作者怎样的思想感情？

3. 你还学过韩愈的什么诗词呢？可否写出连续的两句？

参考答案

1. 有。"况与故人别，那堪羁宦愁"这一联中的虚词用得好，"况与"与"那堪"相搭配，至少有两点妙处：一是几层意思相递进，一层更比一层深入；二是这种"流水对"，转折轻灵，语气如行云流水，使人觉得似乎未用对仗，而实际上却是十分工整的对偶。

2. 这首诗表达了作者对友人的担忧及劝勉，不要以为属于江南西道的宜春离京城太远，那里的江山如画，风光宜人，希望友人能在那里畅快游赏，保持乐观豁达之情。

3. 例：天街小雨润如酥，草色遥看近却无。

（黄艳红）

5. 及第后寄弟侄[1]

易 重

六年雁序[2]恨分离，诏下今朝遇己知[3]。
上国风光初喜日，御街恩渥属身时[4]。
内庭再考称文异，圣主宣名特大奇[5]。
故里仙才若相问，一春攀折两重桂[6]。

知人论世

易重（806—872），字鼎臣，唐代宜春县（今袁州区）温汤九联坊人。唐武宗会昌五年（845）应进士举，得第二名。其时有人检举取录不公，武宗诏令复试，结果张渎（dú）等七人被黜，擢易重为榜首。这是继卢肇之后，宜春在三年之内所出的第二位状元，一时传为佳话。易重为官清正，官至大理寺评事。咸通十三年（872）去世，葬于今袁州新坊乡里睦水库东侧茶山窝里，墓尚存。易重善诗，尤工文，有佳作千余篇，名显一时，但大多已散失，仅《全唐诗》存诗一首。

助学通道

[1] 及第后寄弟侄：按《全唐诗》作"寄宜阳兄弟"。

[2] 雁序：有秩序飞行的雁群，比喻兄弟、兄弟辈。

[3] 己知：即知己。

[4] 上国：指京师。风光：《全唐诗》中为"皇风"，指皇帝的教化。御街：京城中皇帝出行的街道。《全唐诗》中作"御阶"。恩渥（wò）：谓帝王给予的恩泽。

[5] 特大奇：《全唐诗》中作"奖艺奇"，意为因才艺出奇而获奖赏。

[6] 仙才：超凡脱俗的才华，此处应指有才德者。攀折：

《全唐诗》中作"攀得",意同。两重桂:二度蟾宫折桂,此处指一年中两次得中进士。

含英咀华

　　唐武宗会昌五年(845)春,谏议大夫陈商主考贡举。录取进士37名,点张渎为状元,易重为榜眼,"物论以为请托,令翰林学士白敏中复试,落张渎、李玙(yú)、薛忱、张觌(dí)、崔凛、王谌、刘伯刍(chú)等七人"。传言张渎是主考陈商的亲戚,搞了小动作,于是被黜落,但于史无证。易重原本也是这场科考舞弊案的嫌疑人物,因为他与当朝宰相李德裕有师生之谊(李德裕贬官宜春长史时,卢肇、易重曾登门求教过),上届宜春的卢肇中状元,这届榜眼易重又是宜春人,怎么可能没有问题?于是朝廷决定复试以示公正,结果易重顶住压力,发挥极佳,被皇帝钦点为状元,赐御笔"进士及第",匾额证明确属真材实料。经此周折,易重感慨万千,抑不住内心的喜悦、激动,即赋此诗以告家乡父老。

　　从格律上来说这是一首七言律诗,一、二、四、六、八句的韵脚字是离、知、时、奇、桂,前四个都是平声字,押的"一七辙",而第五个字"桂"属"灰堆辙",而且是仄声,这便大大违反了律诗一般押平声韵,中途不得换韵的硬性规定;第六句按平仄规律,应是"仄仄平平仄仄平",而此处却是"仄仄平仄仄平"。押韵格式极其独特。

　　内容上,此诗初看似在"叙事",实则仍主"抒情"。首句以情起笔,概述兄弟情深,"雁序"一词尤为精警,把自己久客京师暗喻为孤雁之离群;下句开始叙述及第的经过,其间的艰辛苦楚楚楚不表,单说"遇己知",突出的还是知遇之恩"情",然此时情感已经发生变化,逐渐由"(离)恨"转喜。接下来的四句则是在叙事中抒情。颔联通过铺叙京城中"皇恩浩荡"的盛景来烘托"初喜",颈联则刻意渲染内廷再考时的一"异"一"奇",暗示后面还有更大的"惊喜"。行文至此,诗人已经按捺不住自己内心的喜悦，他迫不及待地想将这一喜讯告诉家乡的父老乡亲，于是有了"故里仙才若相问，一春攀折两重桂"。末句的叙述似乎有点轻描淡写，诗人显然是故作淡定，"两重桂"喻示着"喜上加喜"，其"春风得意"的喜悦心理溢于言表。当然，家乡父老也明白诗人的"心声"。宜春易姓后人颇以易重为荣，纷纷把自己的家族堂口唤作"重桂堂"，自称重桂子孙；直到今天，宜春城区还有一条街道被命名为"重桂路"。

穿越时空

及第后寄弟侄

离家六年兄弟情深恨分离，诏书已颁终在他乡遇故知。
京城聆听教诲迎来大喜日，御街皇恩浩荡正是高中时。
殿内皇帝颁诏复试文章异，圣主钦点状元甲才艺出奇。
家乡的朋友若是打探询问，就说我一年内连折两重桂。

沙场点兵

1. 此诗初看似在"叙事"，实则处处"抒情"，试举一处说明。

2. 试说说这首诗表达了诗人怎样的心情。

参考答案

1. 例：首句以情起笔，概述兄弟情深，"雁序"一词尤为精警，把自己久客京师暗喻为孤雁之离群；下句开始叙述及第的经过，其间的艰辛苦不表，单说"遇己知"，突出的还是知遇之恩"情"，然此时情感已经发生变化，逐渐由"（离）恨"转喜。

2. 诗人"喜上加喜""春风得意"的喜悦心情溢于言表，且按捺不住自己内心的喜悦，他迫不及待地想将这一喜讯告诉家乡的父老乡亲。

（黄艳红）

6. 别宜春赴举[1]

卢 肇

秋天草木正萧疏[2]，西望秦关[3]别旧居。

筵上芳樽[4]今日酒，箧中黄卷古人书[5]。

离山且做衔芦雁[6]，入海终为戴角鱼[7]。

长短[8]九霄飞直上，不教毛羽落空虚[9]。

知人论世

卢肇（818—882），字子发，江西宜春文标乡（现属新余市分宜县）人，唐会昌三年（843）状元，先后在歙（shè）州、宣州、池州、吉州做过刺史。所到之处颇有文名，官誉亦佳，又因他作为唐相李德裕的得意门生，入仕后并未介入当时的"牛李党争"，故一直为人们所称道。卢肇政事之余，勤于笔耕，一生著述很多，以《海潮赋》闻名，有《文标集》《屈堂龟鉴》《卢子史录》《逸史》《愈风集》《大统赋注》等著作一百几十卷。

助学通道

[1]赴举：应举。唐宋时指入京参加考试。

[2]萧疏：凋残稀疏。

[3]秦关：代指长安。陕西古称秦，西望秦关即指出发往长安。

[4]芳樽：指精致的酒器，亦借指美酒。

[5]箧（qiè）：小箱子。黄卷：书籍。古人用辛味、苦味之物染纸以防蠹，纸色黄，故称"黄卷"。

[6]此句在《全唐诗》中为"辞乡且伴衔芦雁"。衔芦：口含芦草，雁用以自卫的一种本能。

[7]戴角鱼：长角的鲤鱼。典故来源为《列仙传·子英》：

"子英者，舒乡人也，善入水捕鱼。得赤鲤，爱其色好，持归著池中，数以米谷食之。一年长丈余，遂生角，有翅翼。子英怪异，拜谢之。鱼言：'我来迎汝。汝上背，与汝俱升天。'即大雨。子英上其鱼背，腾升而去……"又我国古时历来以"鲤鱼跳龙门"比喻学子会试得中。

　　[8] 长短：反正、终究。

　　[9] 空虚：天空，亦喻朝廷。

含英咀华

　　此诗为卢肇离别宜春赴京赶考前作。卢肇与同郡黄颇齐名，但肇贫颇富，两人一同赶考。当地的刺史看好黄颇的前途，欲跟黄颇事先"拉关系"套近乎，特地摆设了丰盛的宴席来热情招待，而置卢肇于不顾。见此情景，出身于贫苦人家的卢肇自然也就无话可说。他在心里暗暗地较劲：在即将到来的考试里一定要取得好成绩，让这位刺史大人看个真切！因此他写下此诗。首联交代时间为深秋时分，事件是诗人离别宜春入京参加礼部考试。颔联转入抒写心中愤懑与不平之气："筵上芳樽今日酒，箧中黄卷古人书"，袁州刺史为黄颇钱行准备的美酒佳肴确实令人艳羡，但诗人卢肇认为能够让自己高中的绝不是这芳樽美酒，而是满腹才华。接下来颈联"离山且做衔芦雁"，告诫自己要像大雁一样口衔芦草，学会自卫；"入海终为戴角鱼"中"戴角鱼"即鲤鱼，一旦登龙门则成龙。我国旧时历来以"登龙门"比喻学子会试得中。"入海终为戴角鱼"，是卢肇自信此行必能中举，就如同成为能长角的鲤鱼升天，自己也会登上龙门。在尾联"长短九霄飞直上，不教毛羽落空虚"中，诗人将这满腔的"豪气"尽情宣泄：我终将飞上九天青云直上，不让毛羽随风飘落于空虚，再次表达了对这次考试必定高中的信心。整首诗通俗流畅，含蓄蕴藉，意味悠长。

穿越时空

别宜春赴举

秋天的草木逐渐凋残稀疏，翘首西望长安我告别旧居。
今日筵席上摆着芳樽美酒，我的箱中藏着黄卷圣贤书。
告别故乡暂且作伴衔芦雁，他日入海成为长角的鲤鱼。
我终将飞上九天青云直上，不让毛羽随风飘落于空虚。

沙场点兵

1. 品读全诗，你最喜欢哪句？说说你喜欢的理由。

2. 发挥你的联想和想象，用自己的话以第一人称把卢肇当时离别宜春赴京考试时所思所感写下来。

参考答案

1. 最喜欢"长短九霄飞直上，不教毛羽落空虚"。作者在此句表达自己的志向，将这满腔的"豪气"加以尽情宣泄。此联颇有"晴空一鹤排云上，便引诗情到碧霄"的气势与韵味，暗讽袁州刺史不识人。

2. 我和黄颇一同进京赶考，但现在，眼前这位势利的刺史大人把我冷落在了一边，竟去单独邀请跟自己相识的黄颇赴宴，这不是明摆着瞧不起我卢肇吗？我卢肇家庭条件虽然很差，但我有文才，有志向，更重要的是我还有高尚的品德操守呢！在即将到来的考试里我一定要取得好成绩，让这位刺史大人看个真切！

（钟思超）

7. 闻宜春诸子陪邓太守[1]玩月

黄 颇

一年秋半月当空，遥羡飞觞接庾公[2]。
虹影迥分银汉上，兔辉全泻玉筵中。[3]
笙歌送尽迎寒漏，冰雪吟消界夜风。[4]
须向东堂先折桂[5]，不如宾席此时同。

知人论世

　　黄颇，字无颇，唐代宜春县（今袁州区）人，生卒年不详。元和十五年（820）韩愈为袁州刺史时，黄颇从其习古文，声名大振。参加进士考试，连续13年不中，唐武宗会昌三年（843）癸亥科卢肇榜进士第三人，官至监察御史。

助学通道

　　[1] 邓太守：其人不详。此诗在《全唐诗》中题为"闻宜春诸举子陪郡主登河梁玩月"。

　　[2] 觞：酒杯。飞觞：指传杯行酒令。庾公：当指庾亮。《世说新语·容止》中载庾亮有一次戴月闲游，踏木屐漫步登上南楼，其部属殷浩、王胡之等人正聚会南楼赏月，看见庾亮到来都惊慌不已，准备回避，庾亮就势躺倒在胡床上，笑着阻止了大家，并和部属一起不拘一格地闲聊起来。此后，人们将庾楼称为"玩月楼"或"庾公楼"，赞赏庾公平易近人和坦率真诚。

　　[3] 虹影：彩虹在水中的倒影。此处指河梁。迥分：迥，远也；分，分开，指河梁"架"在银河上，将其分开。银汉：天河、银河。兔辉：月光。泻：倾泻、笼罩。玉筵：美味佳肴。

　　[4] 寒漏：寒天的漏壶，借指寒夜。界夜：即长夜。

　　[5] 须：在《全唐诗》中为"虽"，即便、纵使意。东堂：

东厢的殿堂或厅堂。多指皇宫或官舍。《晋书·郗诜传》记载晋武帝泰始年间，吏部尚书崔洪举荐郗诜当左丞相。后来郗诜当雍州刺史，晋武帝问他的自我评价，他说："我就像月宫里的一段桂枝，昆仑山上的一块宝玉。"用广寒宫中一枝桂、昆仑山上一片玉来形容特别出众的人才，这便是"蟾宫折桂"的出处。蟾宫即月宫，即月亮之宫。晋武帝大笑并嘉许他。唐代以后，科举制度盛行，"蟾宫折桂"便用来比喻考中进士。后称科举考试及第为"东堂桂"。

含英咀华

本诗与传统月夜抒怀诗歌不同，全诗叙写邓太守与宜春诸子登河梁玩月的盛况，对邓太守与民同乐大加赞赏，也流露了诗人对故乡的无限思念之情。首联交代时间"一年秋半月当空"，八月中秋一轮明月高悬于空。当诗人听闻家乡地方官邓太守与诸子登河梁赏月的事，很自然地联想到庾公与部下南楼赏月典故："遥羡飞觞接庾公"。借庾公赞邓太守平易近人。颔联则描写诗人想象中的盛会："虹影迥分银汉上，兔辉全泻玉筵中"。河梁在水中的倒影就好像一道彩虹横跨在银河之上，月光皎洁笼罩在那一桌美味佳肴之中。诗人虽远在京城，却把这一盛事写得宛如亲临现场一般。接下来的颈联则转入赏月活动的描写，此时的邓太守与诸子面对如此良辰美景，一定是彻夜吟诗咏唱，热情高涨送走漫漫长夜。所以有"笙歌送尽迎寒漏，冰雪吟消界夜风"。尾联诗人提到即使东堂折桂，其感受也无法和诸子登河梁赏月的相提并论，表达了未能参与这一盛事的遗憾。这首诗歌既有诗人对诸子的艳羡，对太守器爱人才的赞赏，也有游子对家乡的思念之情。

闻宜春诸子陪邓太守玩月

八月中秋皓月悬于空，遥美太守赏月效庾公。
虹影横跨辽远天河上，月光倾泻美酒佳肴中。
笙歌彻夜不断迎寒夜，华章吟走长夜的寒风。
即便考试东堂先折桂，无法与诸君感受相同。

沙场点兵

1. 本诗中描写月光皎洁的是哪两句？

2. 月夜抒怀是一个传统的诗歌主题，请你找出以"月"为题材的诗歌三首，并选择其中一首写一篇赏析文章（300 字左右）。

参考答案

1. "虹影迥分银汉上，兔辉全泻玉筵中。"因为月色太明，以致河梁在水中的倒影与天上的银河叠加在一起，就好像一道彩虹横跨在银河之上，而那一桌盛筵也完全为皎白的月光所笼罩。此两句极写月光之皎洁。

2. 三首诗歌示例：

月夜忆舍弟

杜　甫

戍鼓断人行，边秋一雁声。
露从今夜白，月是故乡明。
有弟皆分散，无家问死生。
寄书长不达，况乃未休兵。

月下独酌

李　白

花间一壶酒，独酌无相亲。

举杯邀明月，对影成三人。
月既不解饮，影徒随我身。
暂伴月将影，行乐须及春。
我歌月徘徊，我舞影零乱。
醒时同交欢，醉后各分散。
永结无情游，相期邈云汉。

望月怀远
张九龄

海上生明月，天涯共此时。
情人怨遥夜，竟夕起相思。
灭烛怜光满，披衣觉露滋。
不堪盈手赠，还寝梦佳期。

赏　析：

月夜忆舍弟

　　这首诗的首联即突兀不平。题目是"月夜"，诗人却不从月夜写起，而是首先描绘了一幅边塞秋天的图景："戍鼓断人行，边秋一雁声"。路断行人，写出所见；戍鼓雁声，写出所闻。耳目所及皆是一片凄凉景象。沉重单调的更鼓和天边孤雁的叫声不仅没有带来一丝活气，反而使本来就荒凉不堪的边塞显得更加冷落沉寂。

　　颔联点题。"露从今夜白"，既写景，也点明时令。那是在白露节的夜晚，清露盈盈，令人顿生寒意。"月是故乡明"，也是写景，却与上句略有不同。诗人所写的不完全是客观实景，而是融入了自己的主观感情。明明是普天之下共一轮明月，本无差别，偏要说故乡的月亮最明；明明是诗人自己的心理幻觉，偏要说得那么肯定，不容置疑。然而，这种以幻作真的手法使人觉得合乎情理，因为它深刻地表现了诗人微妙的心理，突出了对故乡的感怀。

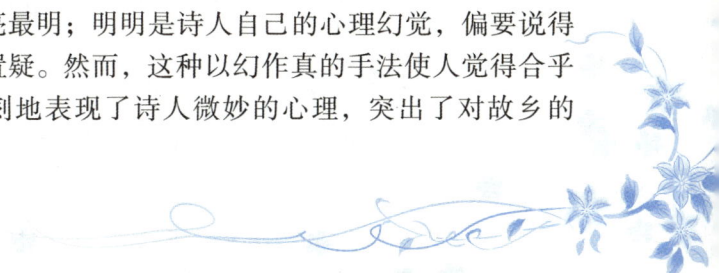

颈联由望月转入抒情，过渡十分自然。月光常会引人遐想，更容易勾起思乡之念。诗人今遭逢离乱，又在这清冷的月夜，更是别有一番滋味在心头。在他的绵绵愁思中夹杂着生离死别的焦虑不安，语气也分外沉痛。"有弟皆分散，无家问死生"，上句说弟兄离散，天各一方；下句说家已不存，生死难卜，写得伤心折肠，感人至深。这两句诗也概括了安史之乱中人民饱经忧患丧乱的普遍遭遇。

尾联紧承颈联进一步抒发内心的忧虑之情。亲人们四处流散，平时寄书尚且常常不达，更何况战事频仍，生死茫茫当更难预料。含蓄蕴藉，一结无限深情。

（钟思超）

8. 古风之十六·丰城剑[1]

李 白

宝剑[2]双蛟龙，雪夜照芙蓉[3]。

精光射天地，雷腾不可冲[4]。

一去别金匣，飞沉失相从。

风胡[5]灭已久，所以潜其锋。

吴水深万丈，楚山邈[6]千重。

雌雄终不隔，神物会当逢[7]。

知人论世

　　李白（701—762），字太白，号青莲居士，祖籍陇西成纪（今甘肃静宁西南），出生于西域碎叶（今吉尔吉斯斯坦托克马克）。五岁时随父迁居绵州昌隆县（今四川江油）青莲乡。二十五岁起"辞亲远游"，仗剑出蜀，游览各地，创作了大量诗歌，诗名大盛。天宝初供奉翰林，因遭权贵谗毁，仅一年余即离开长安。安史之乱中，曾为永王璘幕僚，因璘败系浔阳狱，远谪夜郎，中途遇赦东还。晚年投奔其族叔当涂令李阳冰，后卒于当涂，葬龙山。在艺术上，他的诗想象新奇，感情强烈，意境奇伟瑰丽，语言清新明快，形成豪放、超迈的艺术风格，达到了我国古代积极浪漫主义诗歌艺术的高峰。存诗一千余首，有《李太白集》。

助学通道

　　[1] 李白《古风》共五十九首，此诗为第十六首，"丰城剑"是后人所加，丰城剑的故事《晋书·张华传》有载。

　　[2] 宝剑：一说是龙泉、太阿，一说是干将、莫邪。

　　[3] 芙蓉：《越绝书》载："客有能剑者，名薛烛，越王勾

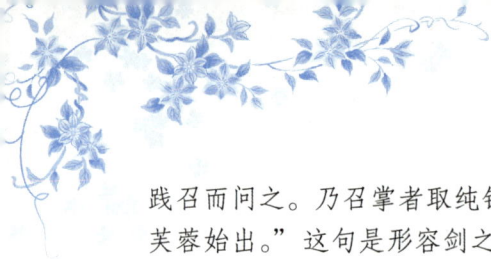

践召而问之。乃召掌者取纯钩，薛烛望之，手振拂扬，其华碎如芙蓉始出。"这句是形容剑之光华。

[4]雷腾：谓雷鸣电闪。不可冲：不可挡之意。

[5]风胡：人名，亦称"风湖子"或"风壶"。春秋战国人，楚王派他到吴国找欧冶子和干将铸成龙泉、太阿、工布三剑。见汉·袁康《越绝书》。

[6]邈：远，遥远。

[7]雌雄：指雌雄剑。相传春秋时吴王阖闾命干将铸二剑，雄号干将，雌号莫邪。进雄剑于吴王而自藏雌剑。雌剑时常在匣中悲鸣，忆其雄。见唐·陆广微《吴地记》。神物：神灵，怪异之物。李白《梁甫吟》："张公两龙剑，神物合有时。"

含英咀华

这首《古风》是李白模仿鲍照《赠故人马子乔》之作，不同的是，鲍照所作为赠别诗，而李白这首则是托物寓意、抒怀感慨之作。

诗人一开篇就写得很有气势，"宝剑双蛟龙"写剑之形态，有如蛟龙腾飞，富有动感和力量。"雪夜照芙蓉"是形容剑之光彩，透出一股逼人的寒光，舞动起来形成一团剑花，如雪夜里初出碧水的芙蓉。三四句着重表现宝剑精神，剑气直冲天空，气势如电闪雷鸣。"一去别金匣，飞沉失相从"是说两柄剑从此相隔万重。人世间早已没有识剑之士，知音难觅，所以宝剑收敛潜藏它们的精气和锋芒。这四句暗寓诗人对自己人生遭遇的愤懑，明代胡震亨谓李白《古风》五十九首内容"非指言时事，即感伤己遭"。"吴水深万丈，楚山邈千重"对仗工整，用词精当，"邈"字写出楚山的高远、苍茫。最后两句，诗人的情感突然振起，笔锋一转，写雌雄宝剑必定会冲破千山万水的重重阻隔重新团聚，表现了诗人坚定的信念和积极乐观的人生态度，这是李白一贯的人生态度，是其积极浪漫主义诗风的体现。

全诗结构紧凑、层次分明，情感波澜起伏、荡气回肠。

古风之十六·丰城剑

且将丰城双剑比作蛟龙，寒光如何雪夜映照芙蓉。
精气光彩映射浩浩天地，如同电闪雷鸣气势如虹。
飞离金匣双剑一旦别离，雄飞雌沉从此相隔万重。
识剑知音已久不在人世，宝剑收敛潜藏锐利刀锋。
雌剑沉没深深吴水之中，雄剑远在迷茫楚山重重。
宝剑双双最终难以分隔，神灵之物定会再次相逢。

1. 三四句中的"射"和"腾"用得很好，好在哪里？请加以分析。

2. 你认为此诗抒发了诗人怎样的思想感情？

3. 读完这首诗后你能想象其中的传说故事吗？请用自己的语言叙述出来。

1. "射"是形容宝剑的精气与光彩，"腾"喻宝剑像电闪雷鸣般的气势，两个字表现出了宝剑凌厉有力的品格。

2. 诗人托物寓意抒怀，一开始诗人通过描写宝剑的光彩与神异来表现自己的卓尔不群；接着又以宝剑的分离沉潜来表现自己的怀才不遇和孤傲性格；最后又以对宝剑的最终会合的期待表现了自己对未来的乐观与自信。

3. 略。

（李素琼）

9. 归桃源乡[1]

刘眘虚

道由[2]白云尽，春[3]与青溪长。
时有落花至，远随流水香。[4]
闲门向山路，深柳读书堂。[5]
幽映每白日[6]，清辉照衣裳。

知人论世

刘眘（shèn）虚（714—768），字全乙，号易轩，唐洪州新吴人。自幼颖悟过人，20 岁中进士，22 岁参加吏部宏词科考试，得中，授校书郎。为人淡泊，脱略势利。壮年辞官归田，寄意山水，与孟浩然、王昌龄等诗人相友善，互唱和。与贺知章、包融、张旭齐名，并称"吴中四友"。晚年定居在江南西道洪州建昌县桃源里（今江西省靖安县水口乡桃源村），构筑深柳读书堂，著书自娱。54 岁卒，葬于该村云山垴（nǎo），墓茔尚存，《唐诗纪事》《唐才子传》载其事，著有《鹡鸰（jí líng）集》五卷，惜已失传。《全唐诗》存其诗十五首。此诗是刘眘虚的代表作，是其归乡后所作。

助学通道

[1] 唐·殷璠（fán）《河岳英灵集》辑录这首诗的时候没有题目，后人只好给它安上"阙题"二字。后据江西《靖安县志》和《长冈刘氏宗谱》考证，此诗原题为《归桃源乡》。

[2] 由：起自于。

[3] 春：指春天的景象。

[4] 落花至：指山花飘落。流水香：花香随流水散播。

[5] 闲门：清闲雅静的屋门。向：对着。深柳：茂密的柳树林。

[6]"幽映每白日":"白日每幽映"的倒装。每:虽然。

含英咀华

这首诗描写深山中一座别墅及其幽美环境,同时也抒发了诗人悠闲雅致的情怀。全篇句句写景,画意诗情,佳句盈篇。在诗里,我们可以读到诗人隐居的长山许多风景的影子:落花、青溪、山路等,如一幅浓淡相宜的水墨画,重笔勾勒的是山溪、书屋,淡墨渲染的是白云、清辉,一一超然物外,神思邈远。

一开头就写进入深山的情景,弯曲的小路从白云尽处开始,可见地势相当高峻,因为沿着青溪一路走,一路上都看到繁花盛草,真是无尽春色源源而来。青溪行不尽,春色也就看不尽,似乎春色也是悠长的。三四两句紧接上文,用细笔来特写青溪,仿佛是把镜头里的景物从远处拉到眼前,让我们也看得清清楚楚,甚至还可以闻到花香水香,一路走来,终于看到一个幽静的所在,诗人在此隐居专心致志读书,既暗示了诗人的隐士身份,又表现出诗人高洁绝俗的志趣。

全诗寓情于景,情景交融,既绘出一幅画面清新、意境幽美的山居图,又将诗人高雅闲适的情怀隐藏其中。移步换景,紧扣诗题中的"归"展开画面,布局巧妙,匠心独运。

穿越时空

归桃源乡

弯弯小路隐没白云深处,春色无限宛若清溪流长。
时有落花飘入清清溪水,远随流水散播浓郁花香。
闲静屋门迎向蜿蜒山路,浓密柳丝掩映幽静书堂。
山深林密散落清幽光亮,柔柔光辉映照我的衣裳。

1. 全诗不但写景，而且还藏有人物的行动、神态、感情、心理活动乃至身份、地位等，你能就其中一二点做简要分析吗？

2. 诗人善于从感官的角度表现景物的特点，请以颔联为例赏析。

3. 此诗是一首写景诗，句句写景，诗句如画，请任选一联用自己的语言加上合理想象对画面进行再次描绘。

参考答案

1. 如"深柳读书堂"句，院子里种了许多柳树，长条飘拂，主人的读书堂深藏在柳影之中，说明了这位主人对柳的喜爱，既暗示了主人的隐士身份，又表现主人志趣的高洁绝俗，既写出了主人潜心学问，又暗示了主人恬淡闲适。

2. 这一联从视觉角度描写了缤纷的落花、清澈的流水；从嗅觉的角度描写流水（花）的芳香，表现出环境的清静（优美宜人）。

3. 略。

（李素琼）

10. 袁州作

韦 庄

家家生计只琴书，一郡清风似鲁儒。[1]
山色东南连紫府，水声西北属洪都。[2]
烟霞尽入新诗卷，郭邑闲开古画图。[3]
正是江村春酒熟，更闻春鸟劝提壶。[4]

知人论世

韦庄（约836—910），字端己。唐初宰相韦见素后人，少孤贫力学，才敏过人。为人疏旷不拘，任性自用。韦庄与温庭筠同为花间派的重要词人，并称"温韦"。温词、韦词在内容上并无多大差别，不外是男欢女爱、离愁别恨、流连光景。但温词主要是供歌伎演唱的歌词，创作个性不鲜明；而韦词却注重于作者情感的抒发，温秾丽，韦清新。风格上，韦词不像温词那样浓艳华美，而善于用清新流畅的白描笔调，表达比较真挚、深沉的感情。韦庄是晚唐诗词兼擅的大家，然而学术界对其词的关注要远远高于诗。故对其诗歌特色少有论及。韦庄的闺情词亦写得非常出色，词语与闺中之美人浑然融于一体，见词犹见人，词音即人语，可谓风韵臻于极致矣。王国维在《人间词话》中谈道："'弦上黄莺语'（见《菩萨蛮》），端己语也，其词品亦似之。"称其词"骨秀"，评价他说："端己词情深语秀，虽规模不及后主、正中，要在飞卿之上。观昔人颜、谢优劣论可知矣。"王国维用"弦上黄莺语"来概括韦词的审美特征，即如黄莺的鸣叫一般清新、明快、自然、流畅。以此来概括韦庄的诗风同样适合。读完《袁州作》这种感触会更深。韦庄曾经家陷黄巢兵乱，身困重围，又为病困。中和三年（883）三月，在洛阳，著《秦妇吟》。所作词语言清丽，多用白描手法，写闺情离愁和游乐生活，情凝词

中，读之始化，以至弥漫充溢于脏腑。其词无专集，散见于《花间集》《尊前集》和《全唐诗》等总集中，近人王国维、刘毓盘辑为《浣花词》一卷，凡五十四首，盖取其诗集为名者也。代表作有《菩萨蛮》《浣溪沙》《应天长》《荷叶杯》等。

助学通道

[1] 生计：赖以谋生的产业或职业，指维持生活的办法。古诗中也用来指生活，如白居易《老来生计》："老来生计君看取，白日游行夜醉吟。"清风：清正风气或高洁品格。鲁儒：鲁国的儒生，亦泛指儒家常说的信奉者、儒生。

[2] 紫府：道教称仙人所居。此处或指阁皂山，道教名山，在今樟树市东南。相传道教灵宝祖师葛玄在游历诸名山后，最后于阁皂山东峰卧云庵炼丹成仙。洪都：古代南昌的别称。

[3] 烟霞：烟雾、云霞，亦泛指山水、山林、风景。郭邑：内城和外城，泛指城池。

[4] 春酒：即冻醪（láo）。寒冬酿造，以备春天饮用的酒。提壶：亦作"提壶芦""提葫芦"，鸟名，即鹈鹕（tí hú）。如宋·欧阳修《啼鸟》诗："独有花上提壶芦，劝我沽酒花前醉。"或言臧否人事。

含英咀华

这是一首吟咏地方风物的诗，诗人通过吟咏袁州的风光和人文风俗，表达了诗人对袁州的赞美之情。诗歌不落俗套，首联开门见山地表达自己对袁州的人文气象的赞美：家家户户都知情达理，每个人都有高雅的情趣、高洁的品格。袁州古代极重视教育，重教之风，让这里的人儒雅，品性高洁清正，就像是鲁地的儒生一样。诗人在这里面说袁州家家户户都靠弹琴和读书谋生，范围太广多少有点夸张，但这也正好见出韦庄"直抒胸臆"的主观性。这种主观直接的叙写，其感情是径直的、坦率的、真切的，更真实地表达了诗人对袁州人文风情的喜爱与赞美之情。赞完了袁州的儒雅风度，诗人从大处落笔，转而描写袁州的自然景观，诗人描摹袁州山水则以主观想象为主，而并非对眼前景物的如实描摹。诗人先用东西南北打开我们的视野，然后通过宏伟的想象，诗人看到青山绵延向东南方向想到了樟树市的道教仙山阁皂山，看水路蜿蜒向西北想到了遥远的洪都（南昌）。用道教中阁皂宗发源地阁皂山的历史来增加袁州的文化底蕴，用遥远的江都来提升袁州的知名度。同时也交代了袁州的地理位置。颔联对仗极为工整，却又不落斧痕，用语简洁明白。而颈联进一步用"赋"的手法铺陈袁州的自然，赞美袁州风景"如诗如画"，诗人的视野回到了烟霞笼罩下的袁州大地，舒展的城池，闲适的城郭，在暮色中像一幅色彩质朴的古画，让人如此惬意。诗人用诗句带给我们的视觉冲击效果要比"如诗如画"强烈得多：烟雾弥漫、云蒸霞蔚、茶坊酒肆、亭台楼阁，一一呈现，如在眼前。尾联"人""景"合一，尾联中"提壶"一语双关，既是写提壶鸟的叫声，又是写袁州的风土人情。喝春酒，在古时原是人们过春节的习俗之一，现民间仍有遗存。辞旧迎新，亲朋好友纷纷"请吃春酒"，无疑加深了新年欢乐喜庆的气氛，更表现了袁州人民的热情好客。而全诗最后语带双关的劝酒，也明显起到表达诗人对袁州的喜爱并使情感进一步升华的作用。通观全诗，语言清丽通俗，情感真挚自然，诗意表达简单直接，几至难以再加阐释的地步。

袁州作

家家户户都靠琴书谋生，人人都像鲁儒一般清正。

东南道教仙山景色宜人，西北秀水由赣江入洪都。

袁州烟霞美景如诗如画，城池闲静若展开的古图。

江边的村子春酒刚酿好，连鸟儿也好客劝我提壶。

1. 这首诗写景极具特色，请发挥你的想象，为这首诗配一幅画。

2. 全诗最后用"更闻春鸟劝提壶"收束，请说说这样写有什么妙处。

1. 略。

2. 尾联"人""景"合一，"提壶"一语双关，既是写提壶鸟的叫声，又是写袁州的风土人情。喝春酒，在古时原是人们过春节的习俗之一，现民间仍有遗存。辞旧迎新，亲朋好友纷纷"请吃春酒"，无疑加深了新年欢乐喜庆的气氛，更表现了袁州人民的热情好客。而全诗最后语带双关的劝酒，也明显起到表达诗人对袁州的喜爱并使情感进一步升华的作用。

（卢　清）

11. 鹧　鸪

郑　谷

暖戏烟芜锦翼齐，品流应得近山鸡。[1]
雨昏青草湖边过，花落黄陵庙里啼。[2]
游子乍闻征袖湿，佳人才唱翠眉低。[3]
相呼相应湘江阔，苦竹丛深日向西。[4]

知人论世

　　郑谷，字守愚，江西宜春市袁州区人，唐末著名诗人。郑谷7岁能诗，"自骑竹之年则有赋咏"。"尝赋鹧鸪，警绝"（《唐才子传》），被誉为"郑鹧鸪"。可见这首鹧鸪诗在当时广为传诵。鹧鸪是一种并不起眼的鸟，但由于啼鸣与众不同，很像"行不得也哥哥"，颇为悲苦，故而常常勾起诗人们的离愁别绪，借以抒发哀怨感慨之情。如李益的《鹧鸪词》云："湘江斑竹枝，锦翅鹧鸪飞。处处湘云合，郎从何处归？"借女子之口，写思夫之念，感情深厚。

助学通道

　　[1] 戏：嬉戏。烟芜：烟雾弥漫的荒地。锦翼齐：彩色的羽毛整齐。品流：等级，类别。

　　[2] 雨昏：下雨天空阴沉。青草湖：又名巴丘湖，在洞庭湖东南。黄陵庙：祭祀娥皇、女英的庙。传说帝舜南巡，死于苍梧。二妃从征，溺于湘江，后人遂立祠于水侧，是为黄陵庙。

　　[3] 游子：离家在外或久居外乡的人。乍（zhà）闻：刚听到。征袖：指游子的衣袖。征，远行。翠眉：古时女子用螺黛（一种青黑色矿物颜料）画的眉。

　　[4] 湘江阔：宽阔的湘江。湘江：长江支流，在今湖南省。

苦竹：竹的一种，笋味苦。日向：一作"春日"。

鹧鸪，其鸣叫俗以为极似"行不得也哥哥"，故古人常借其声以抒写逐客流人之情。郑谷咏鹧鸪不重形似，而着力表现其神韵，正是紧紧抓住这一点来构思落笔的。

首联写鹧鸪的习性、羽色和形貌。诗句开篇紧扣"暖"字，便把鹧鸪的习性表现出来，因为鹧鸪喜温暖，怕寒冷，怕炎热，喜光照，喜干燥，怕潮湿。温暖的天气，鹧鸪在烟雾弥漫的荒地上尽情地嬉戏，只见它们五彩斑斓的羽毛那么整齐；"锦翼"两字，又点染出鹧鸪斑斓醒目的羽色。那些喜欢群居、胆小、易受惊的鹧鸪，平常遇到响声或异物，立即不安、跳跃飞动，反应灵敏。但今天看它们的行动举止，类别与平日活泼的山鸡相近。在诗人的心目中，鹧鸪的高雅风致甚至可以和美丽的山鸡同列。在这里，诗人通过写其嬉戏活动和与山鸡的比较做了画龙点睛式的勾勒，从而启迪人们丰富的联想。

首联咏其形，以下各联咏其声。然而诗人并不简单地摹其声，而是着意表现由声而产生的哀怨凄切的情韵。颔联诗人先用阴沉的雨天来渲染环境，再用青草湖、黄陵庙、屈原流落的故事，触发迁客流人以及天涯游子羁旅愁怀，引发人的幽思遐想。同时诗人还用潇潇暮雨、落红片片，荒江、野庙更着以雨昏、花落给诗蒙上了一层浓重伤感的气氛，如此这般，本诗就形成了一种凄迷幽远的意境，渲染出一种令人魂销肠断的氛围。此时此刻，畏霜露、怕风寒的鹧鸪自是不能嬉戏自如，而只能愁苦悲鸣。然而天空阴沉雨水淋漓的时候，从巴丘湖、洞庭湖、东南湖边的青草地上经过，黄陵庙花瓣飘落，只听鹧鸪一声声的啼叫。反复吟咏，就好像游子征人走入一凄迷荒僻之地，聆听鹧鸪声声"行不得也哥哥"的哀鸣而黯然伤神。鹧鸪之声和征人之情，完全交融在一起了。这二句之妙，在于写出了鹧鸪的神韵。诗人未拟其声，未绘其形，而读者似已闻其声，已睹其形，并深深感受到它的神情风韵了。对此，沈德潜赞叹地说："咏物诗刻露不如神韵，三四语胜于'钩辀格磔'也。"（《唐诗别裁》）诗家称"郑鹧鸪"以此道出这两句诗的奥秘。

颈联看似是从鹧鸪转而写人，其实句句不离鹧鸪之声，承接相当巧妙。身在异乡的客人一听到鸣叫，就不由自主抬起手臂，听任泪水沾湿衣袖，美丽的女子一听到鸣叫，开口唱和一曲充满相思情意的《山鹧鸪》，青黑色的眉毛黯然低垂。"游子乍闻征袖湿"，是承上句"啼"字而来，"佳人才唱翠眉低"，又是因鹧鸪声而发。佳人唱的，无疑是《山鹧鸪》词，这是仿鹧鸪之声而作的凄苦之调。闺中少妇面对落花、暮雨，思念远行不归的丈夫，情思难遣，唱一曲《山鹧鸪》吧，可是才轻抒歌喉，便难以自持了。诗人选择游子闻声而泪下、佳人才唱而蹙眉两个细节，又用"乍""才"两个虚词加以强调，有力地烘托出鹧鸪啼声之哀怨。在诗人笔下，鹧鸪的啼鸣竟成了高楼少妇相思曲、天涯游子断肠歌了。在这里，人之哀情和鸟之哀啼，虚实相生，各臻其妙；而又互为补充，相得益彰。

尾联写宽阔的湘江上鹧鸪叫声此起彼伏，同是不幸境遇的人们的情怀相交融，茂密的竹林丛中深处鹧鸪寻找温暖的巢穴，夕阳就要落山，带来悲凉的苦意。诗人笔墨更为浑成，"行不得也哥哥"声声在浩瀚的江面上回响，是群群鹧鸪在低回飞鸣呢，抑或是佳人游子一"唱"一"闻"在呼应？这是颇富想象的。"湘江阔""日向西"，使鹧鸪之声越发凄唳，景象也越发幽冷。那些怕冷的鹧鸪忙于在苦竹丛中寻找暖窝，然而在江边踽踽独行的游子，何时才能返回故乡呢？终篇宕出远神，言虽尽而意无穷，透出诗人那沉重的羁旅乡思之愁。清代金圣叹以为末句"深得比兴之遗"（《圣叹选批唐才子诗》），这是很有见地的。诗人紧紧把握住人和鹧鸪在感情上的联系，咏鹧鸪而重在传神韵，使人和鹧鸪融为一体，构思精妙缜密，难怪世人誉之为"警绝"。

鹧鸪

鹧鸪在暖烟弥漫的荒地嬉戏，彩羽整齐行动举止类似山鸡。
阴沉的雨天从青草湖边经过，花瓣飘落在黄陵庙前听哀啼。
游子忽闻此声不禁泪湿衣衫，美人情动浅唱鹧鸪黛眉低垂。
辽阔湘江上鹧鸪声此起彼伏，竹林深处寻找暖巢夕阳之西。

1. 诗中句句不离"鹧鸪"，请说说本诗是怎样围绕"鹧鸪"展开的。

2. 此诗一出，世人誉之为"警绝"，请自选角度品析本诗的妙处。

参考答案

1. 先写鹧鸪的习性、羽色和形貌，再引出鹧鸪的声音，进而产生联想，想到佳人唱的，无疑是《山鹧鸪》词，这是仿鹧鸪之声而作的凄苦之调，引发人的思念之情。

2. 诗人笔墨浑然天成，"行不得也哥哥"声声在浩瀚的江面上回响，是群群鹧鸪在低回飞鸣呢，抑或是佳人游子一"唱"一"闻"在呼应？这是颇富想象的。诗人紧紧把握住人和鹧鸪在感情上的联系，咏鹧鸪而重在传神韵，使人和鹧鸪融为一体，构思精妙缜密，难怪世人誉之为"警绝"。

（卢　清）

12. 宜春台[1]

刘嗣隆

一簇亭台画亦难，公余到此暂盘桓[2]。

山多不似城中景，树密偏宜雨后看。

风送江声穿郡郭[3]，日推云影下峰峦。

当时吏部[4]曾游否，何事无文石上刊。

知人论世

刘嗣隆，生卒年不详。北宋时人。宋仁宗天圣四年（1026）以尚书职方员外郎自临川赴任袁州知州。据明正德《袁州府志》记载："下车事简，首登斯台。"回到府衙，写下《宜春台记》，叙述了此次登宜春台的心路历程。"江南古郡，素为佳丽之地。若宜春台者，又郡之所谓胜游也……夫名山异景，在处有之，而皆出于郊野之外，岩谷之邃。若根盘里巷之间，影落轩窗之表，则未有之也。"对宜春台之异景，赞誉有加。但对前人在宜春台上题咏甚少，深为遗憾。"重念由韩吏部而下，为郡者鸿儒巨贤，清尘相望。又郡之人卢肇、袁皓辈，皆魁杰士也。无只文片字书其上，岂好奇逐胜之心有所未至耶？而不为好事者所系坠耶？不知其果如何。徒使晓烟暮云有郁郁之状，嘉木修篁如闻太息之声。"为"雪胜概之遗愤，补前贤之阙笔"，赋诗一首。此后吟咏宜春台的诗作名家迭出。今存诗文无多，正德《袁州府志》收录此诗一首，此文一篇。《宜春台》还被收录在《全宋诗》。

助学通道

[1] 宜春台：汉武帝元光六年（前129），宜春侯刘成于城中及周围立五台，其中最胜者为宜春台，植桃李万株，供人登览。有"高出袁城百万家，巍峨楼殿锁烟霞""一州之壮观，万

家之游息"之誉。清光绪三十年（1904）欧阳祁作50字长联一对于台，咏诗写景。新中国成立后以台为中心辟宜春公园。台上楼阁三层，庑殿式、重檐、四阿顶，琉璃瓦覆盖，一楼铺以大理石地面，四周走廊砌有护栏，二、三楼走廊全为木柱，雕刻花栏，门窗皆镂空雕花。拂晓登台，但见红日东升、万檐染金，装点宜城，遂成"宜春八景"之"春台晓日"。

[2]公余：公务忙完之后的闲暇时间。盘桓：徘徊，逗留。晋·李密《陈情事表》："过蒙拔擢，宠命优渥，岂敢盘桓，有所希冀？"唐·刘希夷《捣衣篇》："揽红袖兮愁徙倚，盼青砧兮怅盘桓。"

[3]郡郭：郡城。唐·白居易《长庆二年七月自中书舍人出守杭州路次蓝溪作》诗："馀杭乃名郡，郡郭临江汜。"

[4]吏部：指韩愈。韩愈官终吏部侍郎，世称"韩吏部"。唐宪宗元和十五年（820）正月，韩愈因罪远调袁州刺史，在任近一年。

含英咀华

山水亭台的盛名，因多名家之诗文传诵。李白写《黄鹤楼送孟浩然之广陵》，王勃写《滕王阁序》，范仲淹写《岳阳楼记》，终致"江南三大楼"名扬四海。"唐宋八大家"之韩愈任职袁州刺史，面对汉代筑就的宜春台之盛景，却无诗文留刊，难免让人遗憾。虽有"莫以宜春远，江山多胜游"之名句流传，终非专为特定景色所题。

刘嗣隆所写《宜春台》一诗，似无耳口相传的名句，不为诗家所称道，却是抛砖引玉之作，实为其最大的意义所在。其后吟咏宜春台的诗作名家历代迭出，许多名句传唱至今。

艺术方面，其叙事写景抒情，亦有诸多可取之处。首联破题，概述登台的总体印象——"一簇亭台画亦难"；交代创作此诗的情由——"公馀到此暂盘桓"。中间二联写景，对仗工整，意境宏大开阔。诗人登台远望，但见远处群山座座环绕在城郭四周，青翠耸立，让身在城中的人顿生恍惚之感；目光收回，亭台旁边的桃李成林，郁郁葱葱，都在雨后的空气中氤氲，美不胜收；凝神细听，几百步外的袁河水声随风穿城而过，绵延不息；举目天空，太阳正追逐着云彩的影子慢慢坠落在远处的山峰下面，山谷为之染红。闭上眼睛，脑海里呈现一幅多么宏大的画卷：青山与绿水相映，树枝借江风起舞，白云映衬着红日，城郭回荡着涛声。城在山间卧，江在城中游。如此盛景，怎能不让人痴迷忘返？诗人如此喜爱此景，无怪会在尾联中生出疑惑：当年贬谪到此的大文豪韩愈莫非没有登临此台？为何没有留下诗文刊于此处呢？此为诗人巧妙地对宜春台抒发赞美之情，文人墨客若登临此台，必定会感美景而心生吟诗作赋之意。

穿越时空

宜春台

亭台美如图画想要描摹困难，忙完公务闲暇时光暂时盘桓。
群山座座环绕不像城中景色，树林繁密青翠最宜雨后观看。
风儿有情送来江水声穿城过，日光追逐云影往西坠落峰峦。
当年韩愈难道不曾登临此台，为何没有诗文存留石上刻刊。

沙场点兵

1. 有人认为这首诗的颔联、颈联写景很妙，你是否有同感？试具体说说它的妙处。

2. 刘嗣隆宜春台题诗之后，后人于其上题诗很多。试阅读下面张铨的一首诗，说说两首诗的异同。

宜春台眺望（节选）

张　铨

飞阁郁岧峣，凭陵客兴豪。
乾坤留胜迹，风物想前朝。

野树含烟密，孤云度雁遥。

乡关何处是，北望首频搔。

参考答案

1. 我认为颔联、颈联写景确实很妙。诗人用精巧的对句，从视觉、听觉出发，围绕宜春台，将远近、高低不同的美景描绘出来，呈现出一幅多么宏大壮阔的画卷：青山与绿水相映，江风助树枝起舞，白云映衬着红日，城郭回荡着涛声。城在山间卧，江在城中游，让我们从中真实地感受到宜春不愧为"江南佳丽之地"，由衷地生出对家乡的喜爱之情。

2. 答题提示：可以从内容、主旨、语言、写法等方面比较两首诗的相同点和不同点。

（周卫红）

13. 送春长句呈泰伯先生[1]

祖无择

尽日临风把酒卮[2]，宜春台上送春归。
已看绿树愔愔静，犹有残花怗怗飞。[3]
岁月任从随手过，功名未必与心违。
我缘客宦[4]无常处，后会知今亦恐稀。

知人论世

祖无择（1006—1085），字择之，上蔡人。历知南康军、海州，提点淮南广东刑狱、广南转运使，入直集贤院。宋皇祐五年（1053）以太常博士知袁州。据正德《袁州府志》记载："自庆历诏天下立学，十年间其散徒文具，无命教之实。无择首建学官，置生徒，郡国弦诵之风，由此始盛。建韩文公（韩愈）祠，修郑都官（郑谷）墓，即郡国建庆丰台，又创东湖台榭，暇日觞咏其间。"期间写下多篇诗文，咏袁州之名胜，记任上之盛事。后回京修皇上起居注、知制诰，加封龙图阁直学士，权知开封府，进学士，知郑、杭二州。为人好义，笃于师友，少从孙明复学经术，又从穆修为文章。有《洛阳九老祖龙学文集》十六卷，《宋史》卷三三一有传。

此诗为祖无择写给其好友李觏（gòu）（李泰伯）的一首诗。祖无择知袁州时，李觏受其邀请来宜春，写下《新建州学记》，对祖无择在袁州兴学之举大加称赞。

助学通道

[1] 泰伯先生：即李觏，字泰伯，号盱江先生，北宋建昌军南城（今江西抚州资溪县高阜镇）人，是中国北宋时期一位重要的哲学家、思想家、教育家、改革家。出身寒微，但刻苦自励、

奋发向学、勤于著述，以求康国济民。李觏博学通识，尤长于礼。他不拘泥于汉、唐诸儒的旧说，敢于抒发己见，推理经义，成为"一时儒宗"。今存《直讲李先生文集》三十七卷，有《外集》三卷附后。

［2］酒卮（zhī）：盛酒的器皿。北周庾信《北园新斋成应赵王教》诗："玉节调笙管，金船代酒卮。"《北史·魏濮阳王顺传》："以银酒卮容二升许，悬于百步外，命善射者十余人共射，中者即以赐之。"

［3］愔（yīn）愔：幽深貌；悄寂貌。汉蔡琰《胡笳十八拍》："雁飞高兮邈难寻，空肠断兮思愔愔。"怗怗：安静貌。唐元稹《高荷》诗："不学着水荃，一生长怗怗。"

［4］客宦：在外地为官或游历。

含英咀华

诗言志。《毛诗序》说："诗者，志之所之也，在心为志，发言为诗，情动于中而形于言。"即好的诗歌，诗人要通过诗这个载体表达自己的人生理想、政治抱负，抒发内心的真情实感。

首联写诗人把酒临风，送春归去。言词平淡而悲慨之情深沉、绵长。历经漫长的寒冬，人们对春之归来总是赞誉有加，充满无穷的欣喜之情，而对历经繁华之后的春之归去心生哀叹之情。颔联描摹登台所见春之暮景。残花尚在，保留仅有的一点春的气息，绿树成荫，分明已是夏之景色。好花不常开，好景不常在，诗人惋惜之情溢于言表。辛弃疾在《摸鱼儿》中对此有更直接的表达："更能消几番风雨，匆匆春又归去。惜春长怕花开早，何况落红无数。"颈联则直接抒情和明志。诗人登宜春台，既非览春之盛景，也非仅仅叹春之归去，实为哀叹岁月易逝，功名难成。虽然岁月无情，但诗人此时的内心还是有几分满足感的。诗人在知袁州任上，建学宫，兴郡国弦诵之风，又建韩公祠，修郑公墓……作为诗人的好友李泰伯对此也是明了的。尾联抒发对好友的牵挂与难于相聚的遗憾。诗人对功名的追求，恰恰造就了自己居无定所辛苦奔波的"客宦"生活，以及与好朋友相聚日渐稀少的状况，相思遗憾之余，自有相互的勉励之意在。全诗以惜春归起意，中间明积极进取、追求功名之志，结尾再抒思念互勉之情，个人情志与朋友情思融为一体。

穿越时空

送春长句呈泰伯先生

我整天端着酒杯迎风而立，宜春台上登高目送春又归。
已看到如荫绿树幽深寂静，却还有残花片片安静飘飞。
任如水岁月从指间悄流逝，求取功名未曾与愿望相违。
只因在外为官与君难常处，依今看来后会之期叹睽违。

沙场点兵

1. 阅读全诗，试说说表达了诗人怎样的思想情感。
2. 运用你所学的知识，试简单分析这首诗的写作手法。
3. 试从网上搜集几首关于"迎春"或"春归"的诗词，选择合适的角度，写一篇读后感。（字数600字左右）

参考答案

1. 诗人在这首诗中表达的情感很丰富，既有对春归的伤悼，又有对自己理想抱负的表达，还有对好友的思念之情。
2. 这首诗以宜春台为中心，融情入景，寄情于景，含蓄地表达自己的理想抱负及对好友的思念之情。将伤春之情融入残春的景物中，借伤春抒发岁月流逝，功名难成的感慨。
3. 写作提示：
（1）符合读后感的写作要求。
（2）立意明确，有自己独到的感悟与见解。
（3）略。

（周卫红）

14. 寄袁州曹伯玉[1]使君

王安石

宜春城郭绕楼台[2]，想见登临把一杯。
湿湿岭云生竹菌，冥冥江雨熟杨梅。[3]
政成定入邦人咏，诗就还随驿使来。[4]
错莫[5]风沙愁病眼，不知何日为君开。

知人论世

　　王安石（1021—1086），字介甫，号半山。北宋抚州临川（今临川区邓家巷）人，天禧五年（1021）生于临江军衙署（今樟树市临江镇）。庆历二年（1042）进士，先后任鄞（yín）县知县、舒州通判、常州知州、提点江东刑狱等地方官。熙宁二年（1069）任参知政事，积极推行新法，遭保守派激烈反对，前后两度罢相。后退居江宁，封舒国公，旋改荆国公，故世称"王荆公"。卒谥"文"，又称"王文公"。为文风格雄健峭拔，理辨透辟，列"唐宋八大家"之一。其诗雅丽清艳，富于意境，五七言绝句尤负盛誉，被称为"王荆公体"。亦能词，存二十余首，词风"瘦削雅素，一洗五代旧习"。有《临川集》《临川集拾遗》《三经新义》（残卷）等存世。

助学通道

　　[1] 曹伯玉：当为曹炎，生平不详，宋仁宗嘉祐四年（1059）以驾部员外郎知袁州事。

　　[2] 楼台：据明正德《袁州府志》载："长沙定王发之子（成）封宜春侯，始于城中立五台，其最胜者宜春台。"此处即指宜春侯刘成所筑五台：宜春台、仙女台、凤凰台、化成台、湖冈台。

［3］岭云：山岭上头飘过的云。竹菌：别名肉球菌、竹生等，可入药，清热解毒，味寒苦。冥冥：自然界的幽暗深远，此处指雨天之昏暗。

［4］邦人：百姓。驿使：古代驿站传递朝廷文书者。

［5］错莫：纷乱昏暗。杜甫有诗："云天犹错莫，花萼尚萧疏。"仇兆鳌注："错莫，谓纷错冥莫。"

含英咀华

　　作此诗时曹伯玉任袁州知州，身为好友的王安石尚未拜相，新法改革还在酝酿之中。来到秀美宜春，遥见巍巍楼台，为劝勉友人，王安石特写下此诗。诗中既简笔勾勒袁州城中的胜景，又肯定赞许曹炎治理袁州的功绩，同时也隐约表达了对自身政治理想前途未卜的迷茫之感。诗的前半部分集中写景。首句直接点明宜春城内久负盛名的巍巍楼台，继而引出诗人的想象："想见登临把一杯"，意思是说：这个时候，想必曹炎你正手持酒杯登上高台，把酒临风吟诗作赋吧？古往今来的名人贤士，凡有来宜春的，莫不以登临宜春台为快事。他们凭栏远眺，赋诗寄情，吟咏抒怀。"想见"一词不仅领起这一句的内容，还包括对仗工整的颔联："湿湿岭云生竹菌，冥冥江雨熟杨梅。"这些景色并非亲见，更多的源于诗人的想象。其实江南之景胜在小桥流水人家、数烟雨石板古巷。虽然竹菌、杨梅以及阴雨潮湿的天气，都非常符合江南小城宜春的实际，可是，梅雨俗称"霉雨"，诗人何以偏要裁剪阴暗潮湿的梅雨景象作为诗中之景呢？在《岳阳楼记》中范仲淹写下"登斯楼也，则有去国怀乡，忧谗畏讥，满目萧然，感极而悲者也"的名句，在《登幽州台歌》中陈子昂留下"念天地之悠悠，独怆然而涕下"的悲慨。面对不顺意的仕途，安石心中大概也与范、陈二人之悲感相通吧！如此"想见"梅雨自然也在情理之中了。从"政成定入邦人咏"开始则转入对好友的安慰和劝勉。尽管袁州远离京城，又逢连绵梅雨，但不可因失意而失志，认真治理地方，就能赢得百姓的赞誉；如果有事，大

可写成诗篇请驿使送来，跟朋友分享一下。简洁朴素的话语就如跟朋友面对面聊天般，让人倍觉亲切。这既是对朋友的劝勉，而对于尚未完全施展政治抱负、同样远离朝廷的王安石来说，又何尝不是对自己的宽慰呢？尾联则将这种对朋友和自身前途未卜的迷茫之感进一步强化了。是真的有纷乱昏暗的风沙迷乱了自己的眼睛吗？或许壮志未酬、仕途失意的处境才是使自己愁困的真正原因吧。什么时候睁开双眼就能看到朋友也包括自己志得意满呢？诗人的回答是："不知何日！"诗意由此越转越悲苦。纵观全诗，语调平淡，用语寻常，中间也未见情感大起大落，但我们仍可借助景之描绘体悟诗人内心的悲苦。

穿越时空

寄袁州曹伯玉使君

巍巍楼台环绕着秀美宜春，登台览胜你或许把酒一杯。
丛林里缕缕云雾滋生竹菌，昏暗中阵阵夏雨催熟杨梅。
政治清明生活安定百姓咏，赋诗既成必定请驿使送来。
风沙混乱愁坏了我的病眼，不知哪天才能为你而睁开。

沙场点兵

1. 这首诗描绘了一幅什么样的景象？是由哪些景物构成的？请简要叙述。

2. 诗中点明主旨的是哪一句？试概括全诗的主旨。

参考答案

1. 诗歌想象描绘了江南小城宜春阴暗潮湿的梅雨之景。构成景物有：城郭、楼台、岭云、竹菌、江雨、杨梅。

2. 尾联点明了全诗的主旨。在劝勉朋友、宽慰自己的同时，诗歌的最后两句进一步强化了对朋友和自身前途未卜的迷茫之感。是真的有纷乱昏暗的风沙迷乱了自己的眼睛吗？江南的风沙大概还不至于"愁病眼"吧，真正使自己愁困的应该还是壮志未酬、仕途失意的处境。什么时候才能睁开双眼看到朋友也包括自己志得意满呢？诗人的回答是："不知何日！"诗意由此越转越悲苦。

（王　凤）

15. 晒 书

刘 攽

幽事随时有，移书晒日华。[1]
囊开鱼蠹字，眼晕石榴花。[2]
志病多三事，劳心愧五车。[3]
赐书仍有品，前辈美吾家。[4]

知人论世

刘攽（bān）（1023—1089），字贡父，或作赣（zhuàng）父、赣父，号红南；卒后，弟子私谥"公非先生"。北宋史学家、著名诗人和文章大家。临江军新喻（今樟树市黄土岗镇荻斜刘家村）人。庆历六年（1046）与其兄刘敞同榜进士及第。为州县官二十年，迁国子监直讲。对王安石变法持不同政见，出知曹州，官至中书舍人。为官耿介，治尚宽平；为人疏隽，不修威仪。《宋史》有传。尝与司马光同修《资治通鉴》，任副主编，负责汉史部分。又著有《公非集》六十卷、《东汉刊误》《五代春秋》《经史新义》《中山诗话》等，其诗由后人结集汇编成《彭城集》四十卷。

助学通道

[1] 幽事：雅事。移：移动。日华：太阳的光华。

[2] 囊（náng）：书囊，书袋，盛公文、书籍的袋子。唐·岑参《送李别将摄伊吾令》诗："词赋满书囊，胡为在战场。"金·董解元《西厢记诸宫调》卷三："收拾琴剑背书囊。"鱼蠹（dù）字：被蟫（yín）鱼蛀坏的书；鱼，蟫鱼，蠹书虫；此虫又叫白鱼、蠹鱼、铰剪虫等。体长而扁，长 4～20 毫米，体上披银灰色鳞片。蠹，蛀（zhù）蚀。晕（yùn）：晕眩，眼睛昏花。石

榴花：石榴树所开的花。一说代指石榴酒。唐·李商隐《寄恼韩同年》（之二）："我为伤春心自醉，不劳君劝石榴花。"

[3] 志：念着，不忘之意。《仪礼·聘礼》："将授志趋。"（郑玄注）三：此处为虚指，形容多。三事：即多重心事。劳：使……劳累。劳心：即忧心。五车：即五车书。《庄子·天下》："惠施多方，其书五车。"后用以形容读书多，学问渊博。

[4] 赐书：君王赐给的书籍。品：众多。前辈：年岁大的人，较老的一代。

含英咀华

　　诗人刘攽生于诗书世家，其祖父刘式，官至刑部郎中，酷爱读书，藏书丰富。刘式去世后，家中除藏书数千卷外别无财产。其妻指藏书对子女曰：此乃"墨庄"，将诗书作为家产教子女传承。此后，刘式的儿子们遵从母训，刻苦攻读，最终都学有所成。"墨庄刘氏"被奉为古代家庭教育典范。后世因此以"墨庄"比喻藏书，亦指称藏书之室。刘攽与兄刘敞及敞之子刘世奉尝合著《汉书标注》，世称三人为"墨庄三刘"。

　　因为爱书、藏书、嗜书，所以晒书也成了生活中的雅事。诗歌首联"幽事随时有，移书晒日华"中"随时有"，说明诗人经常晒书，并且不厌其烦。其实旧书的翻晒既耗时又耗力，可诗人偏偏乐此不疲，足见其爱书之深，嗜书成癖。颔联"囊开鱼蠹字，眼晕石榴花"中，只因古人喜藏书于囊中，而密闭黑暗的书袋和潮湿温暖的环境较适于蠹鱼生存，再加上粘书的浆糊，树皮、树叶等制作的纸张中富含淀粉、多糖以及含纤维的物质，这是蠹鱼的最爱，虫害自然更容易发生。诗人一边在阳光下看（kān）着藏书，一边欣赏着院子里盛开的鲜艳耀眼的石榴花，看似眼花，实则心醉矣。尤其是"晕"字，让诗人那种陶醉、开心的神态跃然纸上。颈联"志病多三事，劳心愧五车"由喜转忧，众多的藏书引来诸多虫害，想着这些，诗人不禁心事重重；尽管小心翼翼地翻晒整理，却还是担心照应不过来，以致在面对饱含

祖辈心血、寄托祖辈希望的众多珍藏时心生愧疚。句中妙用典故：先用"三事"说藏书之用，即正身之德、利民之用、厚民之生；再用"五车"述藏书之功，暗指书读得多，学问自然渊博。墨庄刘氏七代共产生 18 名进士，推究其原因，自是离不开家中的万卷藏书啊！于是在最后，诗人不无自豪地说："赐书仍有品，前辈羡吾家。""墨庄刘氏"的名望和影响为刘家赚足了君王的恩宠，所以在刘家汗牛充栋的藏书中，更加光彩夺目的是为数不少的皇家"赐书"。这自然引来了众多艳羡的目光。"前辈"二字表明，这种"艳羡"早从祖辈、父辈就开始了，当然还将延续下去。

晒书之乐、藏书之趣、嗜书之癖、爱书之情在诗中溢于言表，我们能体会到诗人的自得和欣慰之感。诗歌朴实的语言，不事雕琢；含蓄的用典，耐人寻味。其对书的一片痴情令人感动，其生活的儒雅更令人羡慕！愿天下读书人皆能悟此真谛，做一个真正的学者！

穿越时空

晒 书

生活中的高雅事常常都会有，移出藏书来沐浴太阳的光华。
翻开书袋却见蟫鱼蚀书之痕，院中石榴花朵娇艳我眼昏花。
想着虫害之病更添几重心事，忧心费力实在愧对藏书五车。
君王赏赐的书家中仍有许多，前辈们都非常钦佩羡慕咱家。

沙场点兵

1. 你最喜欢诗中的哪一句？请说说你的理由。

2. 诗中既有藏书之趣，又有晒书之乐。试从网上搜索两首引用晒"腹中书"典故的诗歌，并谈谈在现代科技条件下如何更好地保存珍贵的书籍。

3. 随着电子技术的发展，越来越多的书籍资料上网即可浏览，那么纸质书籍是否有存在的必要？请结合实际情况说说你的看法。

参考答案

1. 最喜欢第二联。诗人一边看着藏书晒太阳，一边欣赏着院子里盛开的鲜艳耀眼的石榴花，看似眼花，实则心醉矣。尤其是"晕"字，让诗人那种陶醉、开心的神态跃然纸上。

2. 诗歌示例：《漳州四时竹枝词》："晒衣六月蠹能除，酷热金乌燎太虚。此日天门开好晒，郝隆惟晒腹中书。"《戊申年七夕》："岂惟蜀客知踪迹，更问庭中晒腹人。"《七夕》："向夕陈庭尝下果，连年每晒腹中书。"

示例：保存书籍之法：①建议给书包书皮，以避免书页的卷脚和磨损。②为防止书页发黄老化，最好不要在阴湿天气看书，以免纸张吸收过多的水分。书籍不看的时候最好用密封性较好的塑料包装好，在塑料纸里最好能放上干燥剂。书柜里最好也要放。③为防虫害，放书的地方要清洁干燥，通风良好；书架、墙壁或地板上都不要有裂缝；要经常挪动书，即使是不常用的书籍，也应该定期翻动，虫子最喜欢吃不动的书。

3. 示例：我认为纸质书籍有存在的必要。因为第一，纸质书籍有利于保护眼睛；第二，纸质书籍是优于电子存档的重要文献保存方式，它能使后人更加真实地感受到前辈的文字记录痕迹；第三，纸质书籍可浏览的条件低，电子书籍则需要更多的能耗以及设备条件；第四，纸质书籍在目前的现实生活中还是主流文化传播载体，在网络传输以及电子产品并未达到极端高技术的前提下，它是不会被大量取代的。所以，纸质书籍完全有必要存在。

（王　凤）

16. 绿筠亭[1]

苏 轼

爱竹能延[2]客，求诗剩挂墙。

风梢千霔[3]乱，月影万夫长。

谷鸟惊棋响，山蜂识酒香。

只应陶靖节，会听北窗[4]凉。

知人论世

　　苏轼（1037—1101），字子瞻，号东坡居士，眉州眉山（今属四川）人，苏洵长子，嘉祐二年（1057）进士。累除中书舍人、翰林学士、端明殿学士、礼部尚书，曾通判杭州，知密州、徐州、湖州、颍州等。元丰三年（1080）以谤新法贬谪黄州。经圣初，又贬惠州、儋州。徽宗立，赦还。卒于常州。追谥文忠。博学多才，善文，工诗词，书画俱佳。于词"豪放，不喜剪裁以就声律"，题材丰富，意境开阔，突破晚唐五代和宋初以来"词为艳科"的传统樊篱，以诗为词，开创豪放清旷一派，对后世产生巨大影响。代表作有《念奴娇·赤壁怀古》《江城子·密州出猎》《水调歌头·明月几时有》等，亦有婉丽之作。著有《东坡七集》《东坡词》。

助学通道

　　[1] 绿筠亭：一作绿筠堂。苏轼自云："此吾乡人梁处士之居也。"绿筠，即绿竹。南朝·梁江淹《灵丘竹赋》："于是绿筠绕岫，翠篁縣岭。"唐·白居易《题周皓大夫新亭子二十二韵》："广砌罗红药，疏窗荫绿筠。"

　　[2] 延：邀请。晋·陶潜《桃花源记》："余人各复延至其家，皆出酒食。"

　　[3] 纛（dào）：古代军队或仪仗队的大旗。唐·许浑《中秋夕寄大梁刘尚书》诗："柳营出号风生纛，莲幕题诗月上楼。"宋·宋子京诗："概竹生烟纛。"

　　[4] 北窗：《晋书·陶潜传》："尝言夏月虚闲，高卧北窗之下，清风暂至，自谓羲皇上人。"又李白诗："何处闻秋风，飒飒北窗竹。"

含英咀华

　　诗人画家，对于竹的喜好自古皆然。苏东坡曾说："宁可食无肉，不可居无竹。"在苏东坡看来，"无肉令人瘦，无竹令人俗"，人瘦了尚可补救，人俗了无药可医。

　　竹，何以让苏东坡如此垂青？有道是"金竹千年不变节，云松万年不弯腰"。竹之本性高风亮节，竹以其淡泊、清高、节气、正直为国人所艳羡。正因如此，苏东坡发出"爱竹能延客"的感慨。一"能"字与下句一"剩"字形成鲜明对比，突出竹之所能，反衬出诗人之所憾。即便是亭外迎风树梢千旗飘乱，月光之影顿使万人颀长。可是山谷之鸟因为人间惬意的下棋声响而受惊，山上的蜜蜂竟能闻出人间的酒香。这大自然与人世的相融，这动与静的完美结合，我们从作者拟人手法的巧妙运用中，感觉到人与自然的和谐。最后一句，画龙点睛。作者巧用陶渊明之典，"只应"与"会听"，与其说是突出陶渊明归返自然的惬意心境，不如说一箭双雕地再现了作者苏东坡对竹的殊爱，对大自然的垂青，对陶渊明的心领神会，对人生的大彻大悟。

　　难怪南宋词人严参在《沁园春·题吴明仲竹坡》中，会发出如此的感叹与呼告：

　　竹焉美哉，爱竹者谁，曰君子欤。向佳山水处，筑官一亩，好风烟里，种玉千余。朝引轻霏，夕延凉月，此外尘埃一点无。须知道，有乐其者，吾爱吾庐。竹之清也何如，应料得诗人清矣乎。况满庭秀色，对拈彩笔，半窗凉影，伴读残书。休说龙吟，莫言凤啸，且道高标谁胜渠，君试看，正绕坡云气，似渭川图。

穿越时空

绿筠亭

喜欢竹子常能邀请客人，向人求诗兄能憾挂屋墙。
亭外迎风树梢千旗飘乱，月光之影顿使万人顾长。
谷中鸟被下棋响声惊起，山上蜜蜂竟懂得酒中香。
这一切都因守正陶渊明，静听风雨虚闲高卧北窗。

沙场点兵

1. 品味全诗，你最喜欢哪一句？试说说你喜欢的理由。

2. 诗中点明主旨的是哪一句？试概括全诗的主旨。

3. 关于竹，苏轼写得如此有寓意，试从网络上搜索出以"竹"为题材的诗歌五首，选择你喜欢的角度，写一篇文章，文体不限。

参考答案

1. 最喜欢第三句："谷鸟惊棋响，山蜂识酒香。"作者采用拟人手法，将山谷之鸟因人间惬意的下棋声响而受惊，山上的蜜蜂竟能闻出人间的酒香，写得如闻其声，如见其景，如闻其香。这大自然与人世的相融，这动与静的完美结合，我们从作者拟人手法的巧妙运用中，感觉到人与自然的和谐。

2. 第四句点明了全诗的主旨。作者巧用陶渊明之典，"只应"与"会听"，既突出陶渊明归返自然的惬意心境，更一箭双雕地再现了诗人苏东坡对竹的殊爱，对大自然的垂青，对陶渊明的心领神会，对人生的大彻大悟。

3. 略。

（鄢文龙）

17. 筠州州宅[1] 双莲

苏 辙

绿盖红房共一池[2]，一双游女巧追随。
镜中比并新妆后，风际扶携欲舞时。
露蕊暗开香自倍，霜莲[3] 渐老折犹疑。
殷勤画手传真态，道院生绡数幅垂。[4]

知人论世

苏辙（1039—1112），字子由，一字同叔，号颍滨遗老，北宋眉州眉山（今属四川）人。北宋文学家、诗人、宰相，与父亲苏洵、哥哥苏轼都位列"唐宋八大家"，并称为"三苏"。嘉祐二年（1057）进士，神宗时反对王安石新法；哲宗时官至尚书右丞、门下侍郎；徽宗时辞官。苏辙为官期间有八年时间在高安。第一次贬谪筠州时在宋神宗元丰三年（1080）元月，其兄苏轼以作诗"谤讪朝廷"（"乌台诗案"）罪被捕入狱，他上书请求以自己的官职为兄赎罪，不准，牵连被贬，监筠州盐酒税，五年不得升调。（《宋史·苏辙传》）到达高安后，曾为高安城西北的圣寿院写过《圣寿院法堂记》。元丰七年（1084），苏轼与其三个儿子同游大愚寺，苏轼留下《真如寺》诗一首，苏辙写《和韵》诗应和。第二次贬居筠州是在近十年之后的宋绍元年（1094）九月。其文风格汪洋澹泊（知识渊博，为人淡定），作品有《栾城集》《春秋集解》《诗集传》等。

助学通道

[1] 筠州：唐武德七年（624）改米州置，以地产筠篁故得名。治高安（今江西高安市）。筠州州宅指知府衙门后院。
[2] 池：指淬剑池。

[3] 霜蓬：喻散乱的白发。唐·李白《怨歌行》："沉忧能伤人，绿鬓成霜蓬。"

[4] 殷勤：殷勤关注。道院：即黄庭坚所谓的江西道院，指筠州府。黄庭坚在考察了江西省的民风后撰文，盛赞筠州高安。黄庭坚认为，宋代江西普遍有好讼、尚巫的风俗，只有筠州的百姓例外，因而高安被尊为"江西道院"。这种情形或许与高安重视教育、宗教繁荣和自然条件较为优越有关。生绡（xiāo）：未漂煮过的丝织品。古时多用以作画，因亦指画卷。王安石《学士院画屏》："六幅生绡四五峰，暮云楼阁有无中。"

含英咀华

这是一首托物言志诗。诗人一开笔就将荷花盛开、绿叶擎盖的美景和盘托出，特别是把荷花的盛开比成红房，生动贴切，具体可感。首联用一"红"字突出荷花盛开之红艳，而把荷叶比喻为伞盖，更显示出绿萌的郁郁葱葱。不由得想起杨万里《晓出净慈寺送林子方》的诗句："毕竟西湖六月中，风光不与四时同。接天莲叶无穷碧，映日荷花别样红。"在迷人的仲夏美景下，两位没有相约的女子不经意游玩在这红莲绿荷的淬剑池旁。游玩的女子在精心梳妆之后，禁不住展现出优美的舞姿。红莲花在露珠滋润之下显得苍翠欲滴，它芳香四溢、迎风绽放，仿佛是在和她们比美似的；两位女子舞蹈后伤感起来，那像霜蓬一样的白发分明让人感慨：时光流逝之快，转眼衰老就要来了。远处的画家将此情此景此态一一画出，栩栩如生；画成之后，一幅幅都垂挂在高安府内。

苏辙是托物言志的高手，从红莲花开、游女舞乐等平凡的画面与举动中，表达出对时光易逝的无限感慨。

穿越时空

筠州州宅双莲

荷花伴着绿叶开满池，一对游女未约巧相随。
镜中二人梳妆攀比后，迎风摇曳两携起舞时。
莲花蕊悄绽芳香自溢，白发散乱渐觉貌颇衰。
画家摹得舞女惟妙肖，州府内画卷幅幅悬垂。

沙场点兵

1. 此诗的首联使用了哪些修辞手法，作用是什么？
2. 此诗的颈联使用了哪些修辞手法，作用是什么？

参考答案

1. 首联运用了比喻的修辞手法，将荷花的盛开比喻成红房，把荷叶比喻为伞盖，"红"字突出荷花盛开之红艳，"绿"字突出绿荷繁茂田田，将荷花盛开、绿叶擎盖的美景生动形象、具体传神地写出。

2. 颈联使用了对比的修辞手法，把那露珠滋润之下的芳香的红莲蓬勃地绽放与散乱华发的游乐女子体悟到体态渐老、韶华将逝进行对比。红莲仿佛在和女子比美似的。二者对比，突出了女子的伤感，那像霜蓬一样的白发分明让人感慨：时光易逝，老之将至。

（黄月玲）

18. 途 中

赵汝鐩

雨中奔走十来程，风卷云开陡顿晴。
双燕引雏花下教，一鸠[1]唤妇树梢鸣。
烟江远认帆樯影，山舍微闻机杼[2]声。
最爱水边数株柳，翠条浓处两三莺。

知人论世

赵汝鐩（suì）（1172—1246）一作赵汝燧，字明翁，号野谷，袁州宜春（今属江西）人，宋太宗八世孙。宁宗嘉泰二年（1202）进士。曾任镇江（今属江苏）税务官，官至刑部郎中，监镇江府确货务，临安通判，诸军审计司军器监主簿。理宗绍定二年（1229）知郴州，四年，为荆湖南路提点刑狱（明万历《郴州志》卷二），改转运使。移广南东路转运使。后以刑部郎中召，淳祐五年（1245）出知温州（明弘治《温州府志》卷八）。淳祐六年（1246）卒，年七十五。有诗集《野谷诗稿》六卷，存诗281首。事见《后村先生大全集》卷一五二《刑部赵郎中墓志铭》。赵汝鐩是"江湖诗派"中较有才气的诗人，钱锺书先生以为其近体诗"不但传四灵家法，也学杨万里，都很畅快伶俐"。

助学通道

[1] 鸠：斑鸠、雉鸠等的统称。
[2] 机杼：织布机。

含英咀华

首联"雨中奔走十来程，风卷云开陡顿晴"，旅途劳顿，又逢阴雨，接连赶路，狼狈至极，实在令人懊丧。忽然风卷云开，使人眼前一亮，这给本来苦闷的行程带来一丝惊喜和愉悦，途中焦急疲惫的坏心情也被一扫而光，于是诗人开始描绘他旅途中所见到的春日美景。颔联双双乳燕花下习飞，斑鸠在树梢上鸣着春情。颈联诗人远眺烟雾江上的点点帆影，又隐约听见山中农舍的织布机声。尾联直抒胸臆，写出自己最爱水边的这几株柳树：在浓翠的长条间，有两三只鸣啭扑跳的黄莺。今人金性尧："写旅途感受，最为亲切。一些竹篱茅舍之中常见的事物，仿佛亦洋溢着一种朴质的人情味，缺点是深度不够。"① 今人褚斌杰道："本诗写诗人春日途中所见，从苦雨忽而放晴写起，开始就流露出一种惊喜愉悦之情。而后两联写花下引雏的双燕，写枝头唤偶的鸣鸠，写远处江面的帆影，写空山农舍的机杼声，给人一种上下远近、耳目所及、美不胜收的印象。最后则集中突出一个镜头，用最美的意境结束全诗，赏心悦目、令人难忘。"②

穿越时空

途 中

雨中行行奔走急，风起云开突转晴。
乳燕花下齐学飞，斑鸠树梢鸣春情。
远眺雾江上帆影，隐听农舍机杼声。
最爱水边杨柳树，浓翠长条鸣黄莺。

沙场点兵

1. 颈联"烟江远认帆樯影，山舍微闻机杼声"营造了怎样的意境？

2. 诗人往往借景抒情，把丰富的情感寄托在具体的景物中。

---

① 转引自陶文鹏主编．宋诗精华［M］．桂林：广西师范大学出版社，1996：799.

② 转引自陶文鹏主编．宋诗精华［M］．桂林：广西师范大学出版社，1996：798－799.

请结合全诗对此做简要分析。

参考答案

1. 颈联通过描写烟雾迷蒙的大江、航行中的帆船、远处农家传来的机杼声，营造了一种安宁、缥缈的气氛，表达了诗人春日旅途中的快乐之情。

2. 诗歌首联从雨天忽然放晴写起，透露出诗人的惊喜之情；颔联、颈联描写乳燕学飞、鸠鸟唤妇、江面帆影、空山机杼声等表现诗人春日途中所见及对所见景物的喜爱之情；尾联突出描写了春天常见的杨柳、黄莺，表现了诗人对春天的喜爱。

（黄月玲）

19. 咏 雪[1]

文 仪

一片一片复一片，飞入梨花寻[2]不见。

昨夜青山玉裹头，今朝绿水银妆面。

知人论世

　　文仪（1215—1256），字士表，号革斋，庐陵（今江西吉安）人，宋朝杰出民族英雄文天祥之父，赠太师惠国公。为人气质端重，进止有尺寸，独爱竹，靠近竹林盖了一栋房子，号称竹居。嗜书如命，故学博而文多可传，人称位笃志君子。卒后，丞相江万里为其撰《墓志铭》。其遗著有《宝藏》三十卷和《随意录》二十卷，现已失传。《全宋诗》第六四册卷三三九四据元《新刻古杭杂记诗集》卷三录《诗一首》，云："乙卯之春风诏颁，二孙指拟上春官。兰宫绾却蓝袍了，犹恨麻衣泪始干。"其事见文祥《先君子革斋先生事实》（《文山集》卷二一）、《江西通志》卷七六。

助学通道

　　[1] 文仪曾设教于上高蒙山之阳的"竹楼书院"，纳徒授课。《咏雪》一诗写于此时。

　　[2] 寻：接着；随即。刘淇《助学辨略》卷二："寻，旋也；随也。凡相因而及曰寻，犹今之际如何也。"

含英咀华

　　此诗是一首典型的写景咏物诗。首句三个"一片"反复迭现，旨在写雪之大，而第二句写到如此之大的雪飞入梨花却旋而不见。诗人在这里其实是以雪自喻，仿佛在说尽管他无法与梨花

相比，但仍然能保持自己的洁白与纯净。诗的后两句以今昔对比，通过昨夜与今朝景物的变化，写出雪的能量之大，暗喻自身的济世之待。从这首诗中我们可以想见诗人本身的人格。文仪，一介书生，一辈子不曾步入仕途。有历史记载，他只要有一书在手，便废寝忘食，可谓嗜书如命。生活拮据时，不惜以典当衣服来买书。除了自己爱读书，文仪还特别重视对子女的教育，他曾聘请乡之名儒曾凤教导其子文天祥，即便后来家道中落也不忘亲自授课。文天祥心胸如此博大，文辞如此出众，实乃其父居功至伟，正如雪花的品格，"随风潜入夜，润物细无声"。

穿越时空

咏 雪

大雪一片一片骤然飘落，飞入梨花丛中旋而不见。

昨日晚上青山山头玉裹，今朝绿水却已银装素面。

沙场点兵

1. 读完全诗，你最喜欢哪一句？请说出你的理由。
2. 请用自己的话说说这首诗给我们描绘了一幅怎样的画面。

参考答案

1. 我最喜欢"一片一片复一片，飞入梨花寻不见"。这句用三个"一片"写雪之大，而第二句写到如此之大的雪飞入梨花却旋而不见。诗人在这里其实是以雪自喻，仿佛在说尽管他无法与梨花相比，但仍然能保持自己的洁白与纯净。常识告诉我们：因为梨花也是白色的，对比之下自然不易引起注意，这使我们想起卢梅坡的诗句："梅须逊雪三分白，雪却输梅一段香。"（《雪梅》）诗人以雪自喻，似乎在告诉我们，他无法与梨花相争，只在乎自己的洁白与纯净。

2. 雪一片片地下着，尽管下得如此之大，但飞入梨花丛中一会儿就不见了。然而，就在人们宁静安谧地一觉醒来之时，却意外地发现山河面貌焕然一新，银装素裹，白雪皑皑。

（徐志媛）

20. 龙雾洲[1] 雪

刘辰翁

此处几人行，隔波摇暮晴[2]。

洲回江似玦[3]，山远雪如城。

离合看双橹[4]，荒寒又一程。

今年梅未醉[5]，最觉别来轻。

刘辰翁（1233—1297），字会孟，号须溪。宋代庐陵（今江西吉安县）人。景定三年（1262）进士。因语触恶贾似道，被置于丙等。以亲老，请为濂溪书院山长。后一再入主站派首领江万里幕，并一度在文天祥勤王军中参与幕议。宋亡之后隐迹方外。以词著称，诗文成就逊于词。著有《须溪集》。

助学通道

[1] 龙雾洲：位于丰城市同田乡赣中流，面积很大，古时北上南下皆由水路，必经此洲。

[2] 摇：谓摇动、晃荡。亦形容扑朔迷离貌。暮晴：犹晚晴，傍晚晴朗的天色。

[3] 回：环绕，曲折。玦（jué）：古时戴带的玉器。环形，有缺口。此处形容江水如玦，环洲而过。

[4] 离合：分合，聚散。此处偏指离别。橹：比桨更大的划船工具，安在船尾或船旁。亦代指船。

[5] 醉：通"悴"，憔悴，凋零。

含英咀华

诗的前两联写诗人于船中远望河洲所见之景。首联"此处几人行，隔波摇暮晴"。河洲上因白雪覆盖显得冷冷清清，唯有落日的余晖孤单地映照在江面上。诗的整个画面显得苍苍茫茫，空旷冷清却又带着些许温暖的色调。颔联"洲回江似玦，山远雪如城"。诗人纵目远望，看见江水环绕着弯弯曲曲的河洲静静地流淌，好像弯弯的玉玦；更远处的山峦被皑皑白雪覆盖，好像巍峨雄伟的城墙。后两联诗人由眼前之景写到乘船经过时的心情。颈联"离合看双橹，荒寒又一程"。看着那一合一分的双橹，诗人不禁想道：这离离合合的双橹，不正是我人生的真实写照吗？生逢宋末离乱之世的诗人经历了太多的聚散离合。可能也正是因为经历的多了，才会在这离乱奔波之中还能保持轻松与豁达。尾联"今年梅未醉，最觉别来轻。"从离乱之景转写梅花，借以抒发内心情感。诗人想：还好啊，今年的梅花还没有凋零，我回来得还算早啊，赶上了时候。离别归来的心情也顿时从惆怅变得轻松甚至喜悦起来。更何况，白茫茫的世界中突现红梅绽放，雪因梅的点缀显得更洁净，梅因雪的衬托也显得更鲜艳夺目。

穿越时空

龙雾洲雪
龙雾洲上行人稀少北风轻吹，波光粼粼摇荡着落日的余晖。
水随河洲迂回宛如一枚玉玦，远山白雪皑皑似城墙般雄伟。
看双橹轻摇感叹着离离合合，又远走寒冷荒芜的山山水水。
今冬的梅花好在还没有凋零，离别以来这最让我感到欣慰。

沙场点兵

1. 读完全诗，你最喜欢哪一句？请说出你的理由。
2. 请说说你对尾联的理解。

参考答案

1. 我最喜欢"洲回江似玦，山远雪如城"。这句诗人把弯弯

曲曲的河洲比作弯弯的玉玦，把远处被皑皑白雪覆盖着的山峦比作巍峨雄伟的高墙。诗人在这里将静止的河洲化为动态来写，又将流动的江水化为静态来写，动静结合，新颖别致。将天寒地冻的荒野写得清新明净。

2. 尾联"今年梅未醉，最觉别来轻"，从离乱之景转写梅花，借以抒发内心情感。诗人想，还好啊，今年的梅花还没有凋零，我回来得还算早啊，赶上了时候。离别归来的心情也顿时从惆怅变得轻松甚至喜悦起来。更何况，白茫茫的世界中突现红梅绽放，雪因梅的点缀显得更洁净，梅因雪的衬托也显得更鲜艳夺目。雪中傲梅，鲜艳夺目，姿态挺拔。让人读完心里为之一振。

（徐志媛）

21. 同林择之范伯崇归自湖南袁州道中多奇峰秀水怪石清泉人赋一篇[1]

朱 熹

我行宜春野，四顾多奇山。

巉岏[2]不可数，峭壁谁能攀。

上有青葱林，下有清泠[3]湾。

更怜湾头石，一一神所剜。[4]

众目共遗弃，千秋保坚顽。[5]

我独抱孤赏，喟然[6]起长叹。

知人论世

朱熹（1130—1200），字元晦（huì），一字仲晦，号晦庵（ān），又号晦翁，别号紫阳，谥文公。南宋徽州府婺（wù）源县（今江西婺源）人。19岁中进士。朱熹是理学集大成者，学识渊博，于经学、史学、文学、乐律乃至自然科学都有所涉。其诗以理趣见长，"寓物说理而不腐"。著有《四书章句集注》，自评"添一字不得，减一字不得，如秤上称来无异，不高些，不低些"。此外，还有《诗集传》《周易本义》《楚辞集注》等。后人辑有《朱子语类》《朱文公文集》等。朱熹复兴白鹿洞书院，讲道武夷精舍，修复岳麓（lù）书院，官场失意。

绍熙五年（1194）三月，朱熹赴潭州任，路经袁州，在宜春为曾巩、吕本中帖作跋。同年八月卸任东归，再至宜春，门人从庐陵来相见问学。朱熹一行前往仰山游览，应宜春学人之请，于仰山大平兴国寺（今宜春仰山栖隐禅寺）中的四藤阁讲学。

助学通道

[1] 林择之：林用中，字择之，福建古田人。范伯崇：范念

德，字伯崇，福建建州人。此二人均为朱熹学生。乾道三年（1167）朱熹应和栻（shì）之邀，偕学生林择之、范伯崇会讲于长沙岳麓书院。归途中，朱子心情舒畅，与学生一路奉和，吟唱不绝，得诗二百余首，集为《东归乱稿》。诗人即为自湖南返崇安至袁州道中时所作。

　　[2] 巑岏（cuán wán）：山高。此处指高耸挺拔的群山。

　　[3] 清泠（líng）：清澈凉爽。

　　[4] 更怜：更爱。剜（wān）：掏挖、刻削。

　　[5] 众目：大多数的眼睛，大众的目光。遗：遗忘。坚顽：坚硬顽固。

　　[6] 喟（kuì）然：叹气的样子。

含英咀华

　　此诗描绘宜春的山水泉石，紧扣一"奇"字。先写山。"我行宜春野，四顾多奇山"起笔平淡，然淡中出奇。"巑岏""峭壁"二词向我们展示了群山连绵高耸、绝壁峭拔林立的奇景。次写水。诗中以"上有""下有"句相衔接，巧妙地引导读者实现视角的转换。随着描述视角的进一步转移，"奇石"终于被"发现"。"更怜"二字充分表明"湾头石"才是诗人落笔的重心之所在。"一一神所剜"仿佛是鬼斧神工雕刻出来的美景。那溪流中的石头，千姿百态，虽历经千秋万代流水不断冲刷，仍不改其坚固顽强的本质，一块块傲然挺立在那里。然而它们并没有吸引世人的目光，在俗众的眼中，它们不过是普通的山石而已，谁会留意它们的存在？只有诗人独自在此欣赏，禁不住发出一声长长的叹息。此诗充分显示了朱熹个性中坚顽如石的一面，诗人于奇峰、秀木、怪石、清泉四者之中，最欣赏怪石，因为怪石的奇特、怪异正是张扬着个性和与众不同，坚顽的特性完全是诗人孤高自傲的人格写照，它象征着与世俗不能相容的孤傲坚韧的精神。同时，诗中用怪石被众目遗弃的命运，来隐喻一代哲人的孤独，充满了自怜自赏的意味。

穿越时空

同林择之范伯崇归自湖南袁州道中多奇峰秀水怪石清泉人赋一篇

我悠然行走在宜春野外，环顾四面多奇水异峰。
数不清直插云霄的山峦，高耸入云绝壁谁能攀登。
山上有郁郁青青的树林，山下有清澈冰凉的溪流。
更爱是那溪流中的怪石，一块块都像神仙雕刻成。
众目都遗忘了他的存在，千年流水冲不去其坚顽。
只有我在这里孤独欣赏，禁不住发出长长的叹息。

沙场点兵

1. 诗中哪个字用得特别好？好在哪里？

2. 诗中画龙点睛的是哪一句？试概括全诗的主旨。

3. 自古诗人写秀水奇山的名句很多，请你选择其中的两句进行赏析。（字数200字左右）

4. 本诗运用了什么表现手法？

参考答案

1. 诗中"奇"字好。先写山。"我行宜春野，四顾多奇山"起笔平淡，然淡中出奇。"巉岏""峭壁"二词向我们展示了群山连绵高耸、绝壁峭拔林立的奇景。次写水。水清澈见底，冰凉极了，水中的怪石嶙峋，竟然像是鬼斧神工一般，历经千年的冲刷，它却傲然屹立在那。诗中以"上有""下有"句相衔接，巧妙地引导读者随着视角的转换。"奇石"终于被发现。

2. 画龙点睛的句子是最后一句，也是主旨句。从朱熹的生平经历来看，他经历少年丧父、寄人篱下，也经历过宦海沉浮，更体验过黑白颠倒、是非不分的冤屈，因此他的诗抒发了"感士不遇"的忧生之嗟。也表现了诗人绝不向流俗低头的决心，诗人最后发出的那声长长的浩叹，正是其本人怀才不遇时孤芳自赏的心理，以独抱孤赏的顽石自比，完全是诗人孤高自傲的人格写照。

3. 举例：唐·李白《望天门山》："天门中断楚江开，碧水东流至此回。两岸青山相对出，孤帆一片日边来。"

赏析：此诗前两句用铺叙的方法，描写天门山的雄奇壮观和江水浩荡奔流的气势。诗人不写两山隔江对峙，却说山势"中断"，从而形象地写出两山峭拔相对的险峻："楚江开"，不仅点明了山与水的关系，而且描绘出山势中断、江水至此浩荡而出的气势。"碧"字明写江水之色，暗写江水之深；"回"字描述江水奔腾回旋，更写出了天门山一带的山势走向。

4. 运用了"触景生情""情景交融"的写作手法。

（熊艳秋）

22. 袁州化成岩李卫公^[1]谪居之地

戴复古

一岩端坐挹千峰，三两亭台胜概中。^[2]
江水骤生连夜雨，松声吹下半天风。
因思世故吾头白，独步林皋夕照红。^[3]
欲吐草茅忧国志，谁能唤起赞皇公。^[4]

知人论世

戴复古（1167—1248?），字式之，号石屏。南宋天台黄岩（今浙江黄岩）人。他耿介正直，为人"负奇尚气，慷慨不羁"，平生不事科举，浪迹江湖，以布衣终身。系江湖诗派著名诗人，与"永嘉四灵"徐照、徐玑、赵师秀、翁卷交游。早年曾从陆游学诗，后来一度崇尚晚唐，但受陆游雄浑诗风的影响最深。作诗多继承杜甫、陆游的传统，指斥朝政，反映民瘼（mò），绝少顾忌。亦擅词，格调高朗，文笔俊爽，工整自然。有《石屏诗集》《石屏词》存世。

助学通道

[1] 李卫公：指李德裕。唐代"牛李党争"中李党的首领，封"卫国公"，故名。受牛僧孺等牛党势力倾轧，被贬袁州长史，谪居于化成岩。

[2] 挹（yì）：牵引，收取。胜概：泛指美景，美好的境界。

[3] 世故：指世间的一切世故，或指世俗人情。林：山林、林野。皋（gāo）：岸边、水旁陆地。林皋即林野和水边，泛指山野。

[4] 草茅：草野、民间，多与"朝廷"相对；也指在野未出仕的人，平民。赞皇公：即李德裕。李德裕为唐代赵郡赞皇（今

河北赞皇县）人，又曾被封为赞皇县开国伯，故名。

　　戴复古虽一生浪迹江湖，一介布衣终老，他的诗却多以反映社会现实、抒写忧国伤时情怀为重要内容，其诗风格沉郁中有雄放之气，在"江湖诗派"中独树一帜。

　　本诗作于诗人第二次离家游历期间。此间诗集之中大部分以题咏山川、记述游历起兴，借以抒发其爱国情怀或针砭时弊，此诗也不例外。

　　全诗前四句均为写景，后四句属于抒情。

　　首联，交代化成岩的地理位置。"端坐"二字写出了化成岩的王者风范，霸气尽显，一"挹"字，既形象生动地描绘出化成岩周围的群山连绵不绝之美，又突出了化成岩被群山环抱的位置特点。在这连绵群山之间，又点缀着三三两两的亭台楼阁，真是美不胜收。

　　颔联，运用倒装句式，以一"生"一"吹"拟人化的叙述，又以"连夜雨""半天风"，呈现暴风骤雨中，松涛阵阵、江水暴涨的景物变化。

　　后四句转入抒情。我一江湖野老，本不关心政治，但人生天地间，又怎能不问世事？所以想着想着头发都白了。独自一人漫步林间看夕阳西下，以排解内心苦闷，但是又如何能做到呢？想要吐露忧国怀乡之志，又该向谁诉说呢？曾经贬谪于此韬光养晦、归隐山林的赞皇公李德裕也已经长眠于地下，无人能将其唤醒，只能独自感慨唏嘘了。诗的后四句塑造了一个在山间游历却心忧国事，心中忧虑无处言说的孤独的诗人形象。

　　全诗表达了诗人对宜春山水胜景的赞咏，以及对李卫公的怀念，表达了对时光流逝的感伤和忧国忧民的情怀。

穿越时空

袁州化成岩李卫公谪居之地

化成岩端坐城北牵引千峰，两三座亭台点缀于美景中。
秀江水骤涨因为连夜大雨，松涛声阵阵由于整天大风。
因思世俗人情故头鬓斑白，便独自漫步林野看夕阳红。
想要倾吐草民忧国之心志，谁又能够为我唤醒赞皇公？

沙场点兵

1. 全诗抒发了怎样的思想感情？
2. 自选角度，说说颔联在写景方面的妙处。

参考答案

1. 赞咏山水胜景，怀念李卫公，感伤时光流逝，忧国忧民情怀。

2. 运用倒装句式，以一"生"一"吹"拟人化的叙述，又以"连夜雨""半天风"，呈现暴风骤雨下松涛阵阵、江水暴涨的景物变化。此处的"骤"字则将江水暴涨的迅疾之态写"活"了。

（易　瑛　高建青）

23. 登碧落堂[1]

杨万里

荷山[2]非不高，城里自不见。

一登碧落堂，山色如对面。

如人卧平地，跃起立天半。

指挥出伏兵，万骑横隔岸。

后乘来未已，前驱瞻已远。

安得垂天虹，桥[3]虚度云巘。

知人论世

杨万里（1127—1206），字廷秀，号诚斋，吉州吉水（今属江西吉安）人。绍兴二十四年（1154）进士。孝宗初，知奉新县，历太常博士、太子侍读等。光宗即位，召为秘书监。主张抗金。工诗，与尤袤、范成大、陆游齐名，称"南宋四大家"。初学江西派，后学王安石及晚唐诗，终自成一家。擅长"活法"，时称诚斋体。一生作诗两万余首，亦能文。有《诚斋集》。

助学通道

[1] 碧落堂：在碧落山上。碧落山是瑞州府（今高安市政府）大院后的小山，原名凤山。"凤山飞羽"属"筠阳八景"之一。山上绿树如碧，曲径通幽。

[2] 荷山：指今荷岭，在高安城西南，今属荷岭镇。

[3] 桥：指高安浮桥，建于928年，初名永安桥，后又称锦江桥，亦为"筠阳八景"之一，至今仍为高安风景名胜。

含英咀华

这是一首托物言志诗。作者一开始就以舛互的辞格，以双重否定的句式肯定荷岭山的高拔，却又说城里看不见。这种看似矛盾的叙述，实则是为突出碧落山张本。诗人以"人卧平地，跃起立天半"为喻，形象逼真，特具动态感，有如特写，境界全出。之后，诗人又以打仗为喻，连续描写，突出碧落堂的变化多姿，壮丽多彩。

读罢此诗，我们似乎可以从中受到这样的启发：生活中，一个人并不是他不高明，也许是我们并不了解。但一旦我们与之深入接触，他的德与能，令我们敬佩，大有相识恨晚之感。他看似平凡，但正是这平凡创造出伟大，当需要他发挥才能时，可以得心应手，可以运筹帷幄，可以指挥若定，一展才华。这样的人，我们怎能真正的了解，他已经达到了智慧的境界。

我们似乎听到晚唐僧人释智闲与李忱的联句："千岩万壑不辞老，远看方知出处高。溪涧岂能留得住，终归大海作波涛。"我们似乎领会张文姬《沙上鹭》的言外之意："沙头一水禽，鼓翼扬清音。只待高风便，非无云汉心。"我们似乎彻悟李白《把酒问月》："人攀明月不可得，月行却与人相随。"

穿越时空

碧落堂晓望荷山

荷岭山并不是不高，高安城里却不能见。
但一登上碧落山顶，山上景色像在对面。
好像人卧在平坦地，跃起时直入空中半。
犹如打仗时之伏兵，百万骑兵如出对岸。
后援兵尚没有停止，前面兵员早已望断。
怎能靠近天之彩虹，浮桥神度山顶云端。

沙场点兵

1. 请从修辞手法的角度，赏析"如人卧平地，跃起立天半"。
2. 读完此诗，你从中得到怎样的启示。

参考答案

1. 诗人以"人卧平地，跃起立天半"为喻，形象逼真，具动态感，有如特写，境界全出。

2. 生活中，一个人并不是他不高明，也许是我们并不了解。但一旦我们与之深入接触，他的德与能，令我们敬佩，大有相识恨晚之感。他看似平凡，但正是这平凡创造出伟大，当需要他发挥才能时，他可以得心应手，可以运筹帷幄，可以指挥若定，一展才华。这样的人，我们怎能真正的了解，他已经达到了智慧的境界。

（鄢文龙　龙小华）

24. 新晴晓步[1]

姚 勉

晴晓芳溪润，幽情得自怡。[2]

雾粘行草蝶，风舞胃花丝[3]。

竹静闻邻话，林虚度客棋[4]。

意行[5]无伴侣，池上只莺知。

知人论世

　　姚勉（1216—1262），字述之，号雪坡，南宋新昌县天德乡灵源村（今江西宜丰县新庄镇芳里村）人。宝祐元年（1253）殿试时提出治国安民之策，被理宗赵昀（yún）钦点为状元。初授平江节度判官秘书省正字。宝祐四年（1256），太学生有因论奸相丁大全被逐者，他上书争之，语甚切直，罢官归。开庆元年（1259），吴潜为宰相后，召为校书郎，兼太子舍人。后因忤逆奸相贾似道再度罢官归里。景定三年（1262），授处州通判，因病未能赴任，当年谢世，卒年47岁。著有《雪坡文集》五十卷。

助学通道

　　[1] 新晴：久雨初晴。晓步：清晨散步。

　　[2] 芳溪：芳草碧绿的小溪。此处似指作者故乡芳里村旁的龙溪。幽情：郁结、隐秘的感情。唐·白居易《琵琶行》：“别有幽愁暗恨生，此时无声胜有声。”情，本作“愁”。清·李渔《意中缘·沉奸》：“待要把幽情相诉，怎奈面重难抬。”怡：和悦的样子。

　　[3] 胃花丝：缠绕在花上的丝状物。胃（juàn）：缠绕。

　　[4] 虚：与上句“静”互意，空寂的样子。度：穿过，传送。

[5] 意行：执意而行，此处指坚持原则为人处世，不同流合污。

含英咀华

此诗作于姚勉罢官归里、幽居乡间之时，描绘的是山村雨后幽静的清晨景色，抒发的是一种压抑的孤独、苦闷之情。

首联交代居住环境和情感状态：因为罢居乡间，再兼连日来阴雨绵绵，诗人心情非常郁结。这天早上起来发现天终于放晴了，于是信步走出屋外，又见路边的小溪水不知何时已悄悄地涨了，不再是先前干枯的样子。溪水静静地漫过溪边的水草，穿过岸边的芦苇，蜿蜒流向远方。看到这丰沛的溪水，诗人的心似乎也得到了滋润，开始慢慢舒展，心情也随之逐渐愉悦起来。首句着一"润"字，不仅写出了雨后溪水的丰沛之状，也点出了溪边水草、芦苇乃至万物的润泽之态，更让读者感受到了诗人步出屋外，置身于大自然中那种久违的爽气和舒畅，显得贴切、传神。

穿越时空

新晴晓步

雨后清晨龙溪之水丰沛滋润，牵引我的郁结之情悄然欢怡。
彩蝶徐翔草间宛若雾粘双翅，飘飘摆摆那风中摇曳着游丝。
寂静竹林传来邻语声声入耳，落子声响空空林中闻客下棋。
秉正气守节操我自昂然前行，心事无处诉只有池上黄莺知。

沙场点兵

1. 首句中着一"润"字，有何妙处？
2. 尾联抒发了作者怎样的思想感情？

参考答案

1. 首句着一"润"字，不仅写出了雨后溪水的丰沛之状，也点出了溪边水草、芦苇乃至万物的润泽之态，更让读者感受到了作者步出屋外，置身于大自然中那种久违的爽气和舒畅，显得贴切、传神。

2. 抒发了作者置身于大自然中那种久违的爽气和舒畅。

（刘清玲　龙小华）

25. 京下思归

范 梈

黄落蓟[1]门秋，飘飘在远游。
不眠闻戍鼓[2]，多病忆归舟。
甘雨从昏过，繁星达曙流。[3]
乡逢徐孺子，万口薄南州。[4]

知人论世

范梈（pēng）（1272—1330），元代诗人，与虞集、杨载、揭傒斯一起被誉为"元诗四大家"。字亨父，一字德机，人称文白先生，清江（今江西樟树）人。父亲早逝，母亲熊氏为培养范梈不另嫁。少聪颖，过目成诵，善诗能文，作文师宗颜延年、谢灵运。大德十一年（1307）作客京师，驰名于朝廷官吏之间，御史中丞董士选聘为家庭教师。由朝臣推荐为左卫教授，迁翰林院编修官。任满后，由御史台提升为海南海北道廉访司照磨（职官名称）。在任时，不畏风寒瘴疠，巡历偏远地区，兴学教民，审理冤错积案，颇有政声。并用自己的文笔为百姓疾苦鼓与呼，如福建文绣局常借给皇上绣衣袍为名，随意征集老百姓家的女子无偿地当绣花工，范梈写了一首诗，揭露文绣局的腐败，廉访司拿去向上报告，很快取缔了文绣局。自己则不谋私利，粗茶疏食，淡泊如水。翰林学士吴澄说："若亨父，可谓独立特行之士矣。"

不久，范梈被调任至江西湖东道。随后，又由御史台提升为福建闽海道知事。范梈对母亲十分孝顺，在外做官，不能侍奉年老多病的母亲，多次上书朝廷请辞回家，没有得到批准。天历二年（1329），朝廷任范梈为湖南岭北道廉访司经历，范梈因母亲病重拒不赴任，回到家乡清江母亲的身边。这一年，范母病亡，他十分悲痛，抑郁成疾，于次年十月病逝，终年59岁。吴澄为其撰写碑文，把他比作东汉时的梁鸿、张衡、赵壹、郦炎等一批正直的君子。

范梈最长于歌行，诗风豪放超迈又流畅自如。他的五律专学杜甫，颇有杜诗沉郁凝练之风。有《范德机诗集》。

助学通道

[1] 蓟（jì）：古地名，在今北京城西南，曾为周朝时燕国国都。

[2] 戍鼓：边防驻军的鼓声。南朝梁·刘孝绰《夕逗繁昌浦》诗："隔山闻戍鼓，傍浦喧棹讴。"唐·杜甫《月夜忆舍弟》诗："戍鼓断人行，边秋一雁声。"明·刘基《彭泽阻风》诗："尘埃漠漠城笳怨，芦荻萧萧戍鼓愁。"

[3] 甘雨：对农事特别适时的雨；甘霖。曙（shǔ）：拂晓，天刚亮。

[4] 徐孺子：徐稚，字孺子，豫章南昌人，东汉隐士，著名经学家。崇尚"恭俭义让，淡泊明志"，不愿为官而乐于助人，被尊为"南州布衣"和"布衣学者"。万口薄南州：很多人访问南州。万口：很多人。薄：原意迫近，这里可意译遍及。南州：泛指南方地区。

含英咀华

这是一首写羁旅之思的诗歌。首联写诗人在蓟门之地任职，进入深秋季节，黄叶遍地，见此景象，不禁想到自己就似这落叶，飘飘远游，心中感慨万分。颔联继而写自己夜不能寐，听着军营中传来的鼓声，自己身体多病，却还漂泊在外，自然就想起了家乡，多么希望现在能有一艘回家乡的船啊！一切景语皆情语，诗歌前两联情景交融，融情于景，以萧瑟之秋景衬托远游之人。写景为抒情铺垫，抒情升华景色。

颔联接着写景，黄昏的时候下了一场秋雨，到拂晓时分，天空却又是繁星流动。两句诗既描写了从天黑到天亮的景象变化，又让人感受到，这是诗人的一个不眠之夜。春去秋来，自己何时

才能回到家乡呢？思归之情日渐深切。诗人身负官职，却又为何如此思归呢？"乡逢徐孺子，万口薄南州。"徐孺子是东汉隐士，著名经学家，崇尚"恭俭义让，淡泊明志"，不愿为官而乐于助人，被尊为"南州布衣"和"布衣学者"。诗人以徐孺子的典故，表达自己的愿望，就是希望自己回乡后能像徐孺子那样淡泊明志，为人高洁，美名远扬，成为一名"高士"。可见，徐孺子的典故透露了诗人追求高洁的情怀，含蓄蕴藉地表达了主旨。

穿越时空

京下思归

深秋季节黄叶落满蓟门之地，恰如自己还在他乡漂泊远游。
深夜难眠隐约听到边防鼓声，病痛之中又想念起回乡小舟。
黄昏的时候下了一场及时雨，到拂晓时分却又是繁星流动。
希望回乡后能够成为徐孺子，美名远扬万口相传遍及南州。

沙场点兵

1. 请从景和情的关系的角度，赏析本诗的前两联。
2. 诗歌的尾联表达了诗人怎样的情感和追求？

参考答案

1. 运用情景交融（或烘托）的表达技巧。黄叶落满深秋的蓟门，写景；主人公酷似落叶，飘飘远游，抒情。戍鼓声声，写景；夜不成眠，百年多病，归心似箭，抒情。一切景语皆情语，情景交融，情随景生。

2. 用典故，"乡逢徐孺子"指希望自己回乡后能像徐孺子那样淡泊明志，为人高洁，美名远扬，成为一名"高士"。可见，徐孺子的典故透露了诗人追求高洁的情怀，含蓄蕴藉地表达了主旨。

（黄献忠）

26. 归　舟[1]

揭傒斯

汀洲[2]春草遍，风雨独归时。

大舸[3]中下流，青山两岸移。

鸦啼木郎庙[4]，人祭水神祠。

波浪争掀舞，艰难久自知。

知人论世

　　揭傒斯（1274—1344），字曼硕，龙兴富州（今江西省丰城市）揭源人。元代著名文学家、书法家、史学家。与虞集、杨载、范梈一起被誉为"元诗四大家"，又与虞集、柳贯、黄溍并称"儒林四杰"。揭傒斯幼年家境贫苦。其父揭来成是宋朝的一个"拔贡"，母亲黄氏。揭傒斯5岁从父就读，刻苦用功，昼夜不懈，十二三岁博览经史百家，至十五六岁时已是文采出众，尤其擅长诗词、书法。与他年纪差不多的人，均敬佩他，拜他为师。元延祐元年（1314），揭傒斯由布衣授为翰林国史院编修。延祐三年（1316），升应奉翰林文字同知制诰。延祐四年（1317），迁升为国子助教。延祐六年（1319），朝廷提升揭傒斯为"奎章阁"供奉学士。不久，又提升为侍讲学士，主修国史，管理经筵事务，为皇帝拟写制表。当时提升不能超过两级，可是揭傒斯连进四级，直至二品中奉大夫，实为罕见之事。揭傒斯曾参与编修辽、金、宋三史，任总裁官。至正四年（1344）七月四日，《辽史》修成，呈送皇帝，得到奖赏，并勉励他早日完成金、宋二史。揭傒斯深知皇帝对自己的信任，唯恐力不从心，难以完成。他吃住都在修史馆中，每天天刚亮便起床，至深夜不歇，废寝忘食。那年盛夏，揭傒斯身染伤寒，仍伏案修撰。七月戊戌（十一）日以身殉职。朝中官员得悉揭傒斯去世的噩耗，都赶到修史馆哭悼。第二天，中书出公钞2 500缗为他办理丧事。枢密院、御史台、六部等也送了赙金。这时，有外国使节来到京城，

燕劳史局以揭公故，改日设宴接待。皇帝为他嗟悼，赐楮币万缗治丧事，并派官兵以驿舟送揭傒斯灵柩到故乡安葬。揭傒斯死后葬于富州富城乡富陂之原（秀市乡水洲村对面山坡上）。追封为豫章郡公，谥号文安。《元史》卷一百八十一有传。揭傒斯一生淡泊名利，刻苦自守，为人刚直耿介，不阿权贵。有《揭文安公集》。

助学通道

[1] 归舟：延祐七年（1320）春，诗人坐上一艘客船，从武昌码头出发，沿长江往彭蠡湖，打算再转船往赣江而达富州老家，见到沿途景象，萌发感慨，作此诗。

[2] 汀（tīng）洲：水中小块陆地。

[3] 舸（gě）：船。

[4] 木郎庙：祭祀树神的庙。

含英咀华

诗歌一、二句紧扣"归舟"二字。春天到来，大地复苏，春草遍地，水中的小洲已是一片浓绿。这时的作者独自一人，在春风春雨中赶路。眼中所见是汀洲春草，因此句中虽然没有明说是乘船，然而人在船便是不言而喻。领联写作者乘坐的大船，在中流乘风破浪而下。春雨普降，江水上涨，又是顺水行船，所以走得飞快，两岸青山不断地掠过船舷。这一联写得明快畅达，流露了诗人回家的喜悦，在动态中包藏着自然、静穆之美，给人一种"人在画中行"般的感受，令人神往。

诗歌颈联接着写岸上具有象征性的、在群山中显得格外醒目的两个建筑物——木郎庙和水神祠。在那古老的木郎庙上空，成群的乌鸦盘旋聒噪，准备争夺祭品；水神祠中，香烟缭绕，祭祀的人们川流不息。这一切，给山水增添了几分生机和春色，使他想到了家乡春色，也激发了他对大自然的热爱，对淳朴的民风及山村生活的神往。然而这一切又勾起他对自己身世的感慨。就这样，回家的快乐，山水的秀丽，都黯然失去了它的魅力。全诗原本很轻快的笔调一下子被收束住，给人以抑郁沉闷的感觉，诗人的思想也就深入读者心中。

这首诗前六句舒畅自然、一泻而下、句句写景，且充沛浑和、流韵天然、气势开阔；尾联仍以景语做过渡，对句则从"波浪"二字上发议论，一语双关，表面写惊涛骇浪席卷而来之景象，也暗指人生之路途充满艰难险阻，使诗戛然而止，明快截决，从而引发无限感慨。诗人没有力挽千钧的笔力是难以办到的。这首诗一气呵成，端严整饬，是元代格律诗中的名作。

穿越时空

归 舟

水中小洲青草遍地浓绿，春风春雨之中独自赶路。
大船在江心顺水流而下，两岸青山不断掠过双目。
木郎庙上乌鸦盘旋聒噪，水神祠里人们纷然祭祀。
惊涛骇浪争相席卷而来，恰似这艰难的人生之路。

沙场点兵

1. 颔联中"移"字用得极妙，说说你的理解。
2. 诗中尾联表达了作者什么样的思想感情？

参考答案

1. 诗人乘坐的大船，在中流乘风破浪而下。春雨普降，江水上涨，又是顺水行船，所以走得飞快，两岸青山不断地掠过船舷。"移"字写得明快畅达，流露了回家的喜悦，在动态中包藏着自然、静穆的美，给人一种"人在画中行"般的感受，令人神往。

2. 尾联仍以景语做过渡，对句从"波浪"二字上发议论，含义双关，既写惊涛骇浪席卷而来之景象，也指人生之路途充满艰难险阻，从而引发无限感慨。

（黄献忠）

27. 雨泊丰城

李梦阳

古岸花层湿，阴江鸥半飞。[1]
波回撼船重，雨侧入帘微。
潭爱金华涌，亭伤宝气稀。[2]
三年二历此[3]，肠断北舟归。

知人论世

　　李梦阳（1473—1530），明代中期文学家，初名莘，字献吉，号空同子，甘肃庆阳（明代属陕西）人，后来迁徙至河南扶沟。李梦阳出身寒微，弘治六年（1493）举陕西乡试第一，次年中进士，官户部郎中。他为人耿介，正因为这样，他几番下狱，数次罢官。比如他为尚书韩文起草上书弹劾宦官刘瑾，被贬后刘瑾借他事将李梦阳关在狱中，几乎被杀死。刘瑾死后，他又被任命为江西提学副使，但后因替朱宸濠写《阳春书院记》而遭削籍。李梦阳工于书法，得颜真卿笔法精髓；而且精通古文诗词，论诗推崇李白、杜甫。针对当时诗坛盛行的"台阁体"和"道学体"，他提出"文必秦汉，诗必盛唐"的口号。他改良政治，革新文风，以其理论主张和创作实践而影响深广。"一时云合影从，名家不下数十。"（胡应麟《诗薮》续编卷一）为明代"前七子"的领袖人物。其七言古、近体诗，凌跨一时，转变风气，但是他又竭力模仿古文风，过于强调格调、法式，未能很好地在复古中求创新，导致泥古不化，为后人所讥。著有《空同集》。

助学通道

　　[1] 古岸：古老的河岸。阴江：阴沉的江面。
　　[2] 金华：即金花潭，在曲江镇矶山下赣江之中，水深湍

急。王士禛《香祖笔记》记载：宋时金兵追击隆裕太后孟氏于曲江，孟太后"投金花于此祈风"，得脱，遂名之"金花潭"。李梦阳曾云："矶头山之滨有金花潭，民居缭绕，榆柳成行，水波潋滟（liàn yàn），动摇金碧，渔舟上下，宛然画图。"宝气：即宝气楼，又称宝气亭。原址在丰城城西滨江处，创建于北宋哲宗时期，入元改为剑江驿楼，入明复改为宝气楼，清代曾移作城楼（今高升楼），清中叶毁于战火，今于河洲火烧湖上重建。

[3] 三年二历此：李梦阳为江西提学副使，曾于明武宗正德年间（1506—1521）两次经过丰城。

含英咀华

这是一首五言律诗，诗人借景抒发在外为官的羁旅之思。明正德元年（1506），李梦阳因为替尚书韩文写弹劾宦官刘瑾的奏章，被谪为山西布政司，后来刘瑾借别的事将李梦阳关在狱中，要杀他，康海替他游说刘瑾，李梦阳才获免。刘瑾被杀后，李梦阳官复原职，被调任江西提学副使。副使归总督管辖，李梦阳却与总督对抗，总督陈金厌恶他。一起揖见巡按御史，李梦阳又单单不去揖见，并命令学生也不要拜谒上官，即使拜见，只作揖，不跪拜。御史江万实因此也讨厌李梦阳。淮王府的军校与学生们发生争执，李梦阳把军校鞭打一顿。淮王发怒，奏报皇上。帝诏令总督陈金查办，陈金檄令布政使郑岳查办。江万实又奏报李梦阳的不足之处，参政吴廷举也与李梦阳有矛盾，便上疏参劾李梦阳冒犯上官。诏令遣大理卿燕忠前来审理，把李梦阳羁押在广信狱中。万余学生替李梦阳讼冤，燕忠不宽恕李梦阳。反而弹劾李梦阳欺凌同僚，挟制上司，于是命他穿官服闲居离职。在如此恶劣的官场环境中，李梦阳身心疲惫，如履薄冰，却奋勇抗争。他再次乘舟经过丰城，曲江两岸的江景还是那样动人心魄，却无心欣赏，思及仕途的坎坷和官场的黑暗，诗人的心情无比沉重和悲愤。

诗歌首联、颔联写雨中赣江的景象，给人以沉重压抑之感。

岸上花儿美丽，却因雨水的侵凌而凋零，江上鸥鸟因天气阴沉而无法高飞，乘坐的船被巨浪重重地击打，连自己的衣裳也被雨水淋湿。政治的恶劣黑暗犹如自然界的无情风雨和惊涛骇浪，"重"得使人不堪承受，"微"而让人难以提防。诗歌后四句转入抒情，"潭爱"二句由眼前景触发，含蓄而委婉。面对波涛汹涌的金花潭和萧疏寥落的宝气亭，想到自己坎坷的仕途经历，诗人百感交集。"爱""伤"二字把诗人的矛盾心理表露无遗：自己欲仕途有为，一展才华，却倍感孤立无援，备受打击。"潭爱金华涌，亭伤宝气稀"，诗人借物抒怀，如临其境，其情历历可感。最后两句，诗人直接点出备受压抑的沉痛心情：三年来再次经过此的我还是那样悲愤满怀。

　　整首诗抒情和写景和谐地融合一体，情景相生，江上的景象弥漫着诗人强烈的主观感受。

穿越时空

雨泊丰城

古老的赣江之滨雨水浇淋花朵，阴沉的江面之上鸥鸟低低飞翔。
汹涌的水波重重地拍打着小舟，无情的雨雾飘进船帘湿人衣裳。
金华潭波涛涌动让人无比喜爱，宝气亭萧索破落却又让人感伤。
三年中我两次来到这剑邑之地，乘坐着北归之舟不禁肝肠寸断。

沙场点兵

　　1. 试赏析颔联中的"重"和"微"两字的表达效果。

　　2. 诗中后四句主要运用哪种表达方式，表达了诗人什么情感？

参考答案

　　1. "重"和"微"二字写出了乘船被巨浪重重地击打，以及自己的衣裳也被雨水浇淋的情景。这样的自然景象实在是当时诗人所处黑暗、恶劣现实的形象写照。政治的风波犹如自然界的无情风雨和惊涛骇浪，"重"得使人不堪承受，"微"而让人难以提防。

2. 后四句抒情，体现出诗人的矛盾心情和感伤情怀。"潭爱"二句由眼前景触发，含蓄而委婉。面对波涛汹涌的金花潭和萧疏寥落的宝气亭，想到自己坎坷的仕宦经历，诗人百感交集。"爱""伤"二字把诗人的矛盾心理表露无遗：自己欲仕途有为，却倍感孤立无援，备受打击。最后两句，诗人直接点出备受压抑的沉痛心情：三年来再次经过此地我还是那样悲愤满怀。

（李赟斌）

28. 游山诗

况 钟

缓步崔嵬[1]万嶂间，轻云如幕去仍还。
鸟声宛转调清管，树色青葱拥碧鬟。[2]
采药山人锄自荷，唪经僧子户常关。[3]
斜阳催我抠衣下，一派银涛俯北湾。[7]

知人论世

　　况钟（1383—1442），字伯律，号如愚，明代靖安县龙冈洲（今靖安县高湖乡崖口村）人，故自号龙冈。况钟自幼聪颖好学，习知礼仪，为人方直清严，处事明敏。况钟早年曾在尚书吕震属下为小吏，因有奇才，为吕震所重视，并被推荐为仪制司主事。明成祖朱棣永乐年间，因荐为礼部郎中。宣德五年（1430）升任苏州知府。当时苏州豪强污吏相互勾结利用，百姓赋税繁重，是全国有名的难治之府。况钟上任后，许多问题等待他去处理。起初，不少属下和群吏都站在他四周，看他如何理事。他假装不懂，左顾右问，只按群吏的欲望办事，群吏们都很高兴，私下以为这位新任太守是很容易欺侮的。几天后，他召集群吏宣布：前几天某件事是应该做的，是某某不让我做；某件事是不应该做的，是某某强行我做的！你们有些人长期玩弄这种手段行事，罪当死！于是将罪大恶极的数人处以死刑，并训斥那些贪虐庸懦的官吏。因此大震全府，上下都奉法职守。况钟不仅刚正廉洁，而且孜孜爱民，前后各届苏州知府都不能与他相比。他在任期间，先后为人民办了许多好事。贪官污吏动不动对百姓处以酷刑，他先后酌情予以减免者一千四百余人。同时，他协同巡抚周忱，悉心筹划，为百姓奏免赋税粮七十万石。他兴利除弊，不遗余力，锄豪强，扶良善，是明代著名的清官。苏州人民称他"况青天"，与包拯"包青天"、海瑞"海青天"，并称"中国民间的三大青天"，因此，百姓对他奉之若神。后人将其文稿编为《况太守集》。

助学通道

[1] 崔嵬（cuī wéi）：形容高峻、高大雄伟的物体（多指山）。

[2] 宛转：形容声音抑扬动听。清管：声音清越的管乐器。青葱：翠绿色。鬟（huán）：妇女梳的环形发髻（jì）。

[3] 山人：山中的隐士，亦指仙家、道士之流。嗪（fěng）经：诵经。嗪：大声吟诵。

[4] 抠衣：提起衣服前襟。也是古人迎趋时表示恭敬的动作。《礼记·曲礼上》就说："毋践屦（jù），毋踏（jí）席，抠衣趋隅，必慎唯诺。"一派：犹一片，一阵。

含英咀华

这是一首游记诗。诗的首联写诗人在群山之间缓缓而行。"万嶂"写山之多；"崔嵬"写山之高；"缓步"写诗人自己缓慢移步，说明山路崎岖难行，更表现了诗人悠闲观览的情态。层峦叠嶂，群山环绕，云雾轻飘，全诗营造了一种轻盈柔美的意境，更让诗人陶醉其中。

颔联运用拟人的修辞手法，前一句从听觉的角度来写。鸟儿或许是看见诗人到来，故意在卖弄歌喉，婉转鸣叫，好似乐工在调试着清越中听的乐管，悦耳动听。再看远处青葱的树木，好像是一个个女子头上乌黑的发髻，这是从视觉的角度来写的。清脆的鸟鸣，青葱的树色，是那样的清新怡人。优美的音乐，美丽的女子，简直就是一个歌舞的场面。两句话写出了山间清新优美而富有生机的景色，更让人感觉如在仙境中一般。

颈联写山中悠闲的生活。清幽的山林，自然是修身养性的好地方。"采药山人锄自荷"，一个"自"字，写出了隐者那悠然自

得的神态。"噗经僧子户常关"，一个"关"字，写出了僧人的专心自在。无论隐者还是僧人，都那么清雅，没有世俗的烦扰，那是多么让人羡慕的生活啊。

　　尾联写诗人在下山时流连忘返的心情和远眺所见的山光水色。斜阳西下，暮色苍茫，说明时间已晚，也说明诗人盘桓之久。一个"催"字非常传神，既形象地表达了诗人依依不舍的心情，又运用拟人的手法将一轮夕阳写得温暖而有情意。仿佛斜阳在说："时间不早了，贪恋美景的诗人您赶快回家吧！山路崎岖，记得提起衣服走，不然会摔跤失仪的。"流连忘返之中，诗人站在山顶，举目远眺，只见山下一片银光闪烁，澄明光洁，这不正如诗人愉悦轻快的心情，又如诗人磊落高洁的品德吗？有意思的是，诗人习知礼仪，就连下山时也不失仪表。"抠衣"，既是指诗人下山时为了行走方便而提起衣服前襟，也是古人迎趋时表示恭敬的动作。读到这里，一个贪恋美景而又无奈归去、循规蹈矩而又可敬可爱的形象鲜活地呈现在我们的面前。

　　诗中作者的优雅闲远体现了其高洁的人生旨趣，境界的澄明洁净体现了其无私的胸怀，抠衣而下的举止体现了其儒雅守礼的风度。

穿越时空

游山诗

漫步在高耸入云的群山之间，轻柔的云有如薄幕去了又还。
鸟声婉转似调试清越的乐管，树木青葱如女子盘绕的发髻。
山中隐士正扛着锄头在采药，僧人在大声地诵经门户常关。
夕阳将落催促我提衣下山去，俯身看去一片银波荡漾北湾。

沙场点兵

　　1. 颔联从哪些角度对景物进行描写，写出了什么样的景象？
　　2. 你能从这首诗中体会到诗人什么情感？

参考答案

1. 前一句从听觉的角度来写。鸟儿许是看见诗人到来，故意在卖弄歌喉，婉转鸣叫，悦耳动听，好似乐工在调试着清越中听的乐管。再看远处青葱的树木，好像是一个个女子头上乌黑如云的发髻，这是从视觉的角度来写。清脆的鸟鸣，青葱的树色，是那样的清新怡人。优美的音乐，美丽的女子，简直就是一个歌舞的场面。颔联写出了山间清新优美而富有生机的景色。

2. 诗歌描写出了山间清新优美而富有生机的景色，以及山中悠闲的生活，表达了诗人流连忘返和依依不舍的心情。

（况等平）

29. 百丈寺^[1]

蔡国珍

漫游古寺踏春晖，石径云深翠作帏。^[2]
似解笑人花叠叠，惯能迎客鸟飞飞。^[3]
相逢老衲谈唐代，自愧东坡落箭机。^[4]
两袖和风桃颊醉，联诗乘兴咏而归。^[5]

知人论世

　　蔡国珍（1528—1611），字汝聘，又名见麓。明代奉新县奉化乡（今上富镇）石溪人。其为人耿直，处事严谨、公正无私，情操高洁。嘉靖三十五年（1556）蔡国珍进士及第，会试后刚放榜不久的一天，掌握宰相大权已十余年之久的严嵩，为了植党私营，企图拉拢一批新进之士，便在他的府第大张筵宴，请来了一批新中的进士参加他的宴会。蔡国珍作为他的同乡，也在宴请之列，宾客按年龄依次入座，蔡国珍由于年纪最轻，坐在与主人相邻的席位上，酒筵快散时，严太师乘兴向各位进士夸耀道："我这件蟒袍是皇上赐给的，已穿了十一年了。"大部分人都带羡慕的眼光，啧啧称赞严嵩受皇上恩典的洪福，生活艰苦朴素的美德，唯有年轻的蔡国珍刚正不阿，看不惯这种欺世盗名、装腔作势的模样，便话里带刺地说："你相公相业盖天下，哪里会只有这么一件衣服呢？"这话像利剑一样，直刺严嵩的胸膛，但多年来酬世的经验告诉他，要圆滑些，只好苦笑着说："蔡公的话很对，很对"。严嵩认为这样的人，一定要罗致到自己的门下，于是多次给蔡国珍引荐官位，可蔡国珍已洞烛其奸，考虑若在北京待下来，终究会受到严嵩的制约，于是主动要求到南京任职，初任南京刑部主事。之后他又担任过吏部郎中、福建提学副使、湖广右参议分守辰沅、浙江左布政使、右佥都御史提督操江、左副都御史、吏部左右侍郎、南京吏部尚书、吏部尚书等职。去世时获赠太子太保，谥号"恭靖"。著有《怡云堂集》十卷，《四库全书总目提要》存目。

助学通道

[1] 百丈寺：位于奉新百丈山大雄峰下，即"大智寿圣禅寺"，中国佛教禅宗古寺庙之一，迄今已有 1 200 多年的历史。唐大历间（766—779）由县里的乡绅甘贞创建，初名"乡导庵"。唐贞元十年（794）甘贞延请大智禅师怀海在此住持修行，遂改名为"百丈寺"，以立"禅林规式"（又称"百丈清规"）著称于世。自此百丈寺声名大振，香火极盛，在中外佛教界极负盛名，有"三寺五庙四十八庵"之说。后禅寺屡经毁弃。2003 年 9 月，本焕大师募资并委派专人负责百丈寺的修复重建工作。2011 年 8 月 27 日至 31 日，中国（江西）奉新百丈清规文化节暨百丈寺修复开光仪式成功举办，千年古寺焕发出新的光彩。

[2] 春晖：指春阳、春光。帏（wéi）：幔幕。

[3] 似解：好像知道。笑人：笑对客人。花叠叠：花朵层叠之貌。惯能：习以为常，经常。鸟飞飞：鸟儿飞翔之状。

[4] 老衲（nà）：指老僧。自愧：自感惭愧。落箭机：语出苏轼《以玉带施元长老元以衲裙相报次韵二首》（其一）："病骨难堪玉带围，钝根仍落箭锋机。欲教乞食歌姬院，故与云山旧衲衣。"

[5] 和风：温和的风，多指春风。三国魏·阮籍《咏怀》诗（之一）："和风容与，明日映天。"桃颊：桃红之脸颊。联诗：一般指经过作者自己创作、对仗工整的诗句，这里指作诗。

含英咀华

本诗为蔡国珍游百丈寺后感怀所作，诗歌表达了诗人对百丈寺周围景色的由衷赞美，表现出洒脱的襟怀。百丈寺在百丈山的大雄峰下，周围峰峦叠翠，白云缥缈，溪泉潺潺，林木摇曳，景

色优美，确实是个绝好的去处，这也触发了诗人游览的兴致。

首联"漫游"二字表现了诗人轻松愉悦之情。诗人拾级而行，到处云遮雾绕，绿树叠嶂，沿途尽是迷人的春景。颔联写春天的两个代表性的景物：花和鸟。层层叠叠怒放的花朵似乎是一张张笑脸在面对着来访者，而上下翻飞、翩然舞动的鸟儿更在真诚迎接远来的客人，诗人赋予花、鸟以人的情感。"似解""惯能"暗示出造访古寺人数之多，连花和鸟都习之为常了。花、鸟、石径、白云、碧树构成了一幅祥和、幽美的自然图画，身处其中的诗人的心情该是何等舒畅！此二句是景语亦是情语，诗人借景传达的是内在的愉悦心情。

颈联写诗人在寺中与老僧相遇，谈到唐代怀海大师住持修行时的辉煌历史。同时，诗人借苏轼与佛印的故事表达自己的情怀。据《丹徒县志》记载：苏轼路过镇江，即到金山寺访问故友佛印和尚，此时佛印正在佛堂做佛事，照例此时是不接待来客的，可苏轼生性豁达，又是熟人熟地，即推门匣入，佛印只得板起面孔说道："先生何来，此间无坐处！"苏轼笑道："暂借和尚'四大'，用作禅床。"这是一句很机智的玩笑话，意思是说，我不是来这里串门随便坐坐的，而是要借你佛门的"四大"观念使精神有所安顺。佛印一听此话，转怒为喜，遂与苏轼约定：你若能随口答出我的问话则罢，若稍有迟疑，便请把你身上的玉带（宋神宗皇帝赏赐）留在寺内，作为镇寺之宝。苏轼欣然答应，就将玉带解下，佛印即以僧人术语向苏轼提一问题，但反应灵敏、机智过人的苏轼稍有思考，佛印见状便命人将玉带收走。苏轼只得笑而答道："病骨难堪玉带围，钝根仍落箭锋机。"苏轼一方面自我解嘲说自己不配用这条玉带，另一方面又称赞佛印思想机敏，巧取玉带。这段故事流传至今，乃成一段千古佳话。诗中"落箭机"即化用此诗中句子及故事。诗人以苏轼自比，既是对自己才华的自信，又说自己根机愚钝，谈锋不及老僧，自感惭愧。此二句所用典故与诗题、诗意极相妥帖，令人回味。

尾联写诗人沐浴在和煦春风中，不觉陶醉；脸颊绯红，诗兴大发，吟咏而归，何其洒脱！"两袖和风"一语，既是写景物，也让我们感受到诗人公正又清廉的高尚人格。

穿越时空

百丈寺

踏着春日阳光游百丈寺，石径入云绿树恰似帐帏。
花儿朵朵似知笑对游人，飞鸟翩翩已习惯迎客归。
相逢老僧谈起唐代人事，谈锋迟钝如苏轼般惭愧。
醉脸桃红只因满袖春风，乘着兴致作诗吟咏而回。

沙场点兵

1. 首联中我们可以体会到诗人怎样的心情？由哪两个字可以看出？

2. 颔联写景，运用了哪种修辞手法？试做具体分析。

参考答案

1. 首联传达出诗人轻松喜悦之情，由"漫游"二字可以看出。

2. 颔联运用拟人的修辞，诗人赋予花、鸟以人的情感，层层叠叠怒放的花朵似乎是一张张笑脸在面对着来访者，而上下翻飞、翩然舞动的鸟儿更在真诚迎接远来的客人。"似解""惯能"暗示出造访古寺人数之众多，连花和鸟都习之为常了。花、鸟、石径、白云、碧树构成了一幅祥和、幽美的自然图画，身处其中的诗人心情该是何等舒畅！

（况等平）

30. 敖峰叠翠^[1]

王 纲

巍巍一柱倚晴空，叠嶂层峦翠几重。^[2]
鸟道崎岖苍藓合^[3]，仙亭寂寞白云封。
青连海岱^[4]三千里，势压巫山十二峰。
载酒有时临绝顶，乾坤一览豁心胸。

知人论世

　　王纲，生卒年不详，字存纪。上高河东田心（今塔下乡）人。明代永乐（1403—1425）进士。初会试登乙榜。按例应授教职。王纲与肖时中等人奏考试不公，皇帝又亲自策试副榜举人，皆赐冠带，令祭酒司业亲教之。后于永乐九年（1411）科登上第，任河南等道监察御史。巡按福建、广西、河南，执法如山，升任山西左参政。正统（1436—1450）间为山西右布政使。历任四朝，始终竭力尽职。著有《薇垣清兴集》。

助学通道

　　[1] 叠翠：层叠的翠绿色。指层叠的山色。唐·杜颜《灞桥赋》："连山叠翠而西转，群树分形而北竦（同'疏'）。"

　　[2] 巍巍：形容高大。《论语·泰伯》："巍巍乎，舜禹之有天下也而不与焉。"叠嶂层峦：即层峦叠嶂。此语序倒置，完全出于平仄之需。峦：小而尖的山，相连的山。嶂：高耸、险峻，像屏障一样的山峰。形容山岭重叠，峰峦相接，连绵不断。清·刘献廷《广阳杂记》卷四："此则层峦叠嶂，与江势争雄峭。"

　　[3] 鸟道：险峻狭窄的山路。唐·李白《蜀道难》："西当太白有鸟道，可以横绝峨眉巅。"崎岖（qí qū）：形容山路不平，也比喻处境艰难。汉·张衡《南都赋》："上平衍而旷荡，下蒙笼而崎岖。"

[4] 海岱：今山东省渤海至泰山之间的地带。海：渤海；岱：泰山。《尚书·禹贡》："海岱惟青州。"孔传："东北据海，西南距岱。"

含英咀华

"巍巍"二字复叠，形象地写出了山之高大。"倚"字，化抽象为具体，把敖峰写得有如擎天一柱，横空而立。而山岭的重叠、峰峦的相接，特别是那翠绿的美景更是让人应接不暇；那险峻狭窄的山路、蜿蜒曲折的苔藓，通过"鸟道"二字的描摹，形象而逼真，如见其景；"崎岖"以双声状写，更是让人如临其境。"仙亭"以"寂寞"二字修而饰之，以拟人化手法出之，一箭双雕。一者突出敖峰的清静；二者以敖峰的孤单冷清，说明来人之少，间接地写出敖峰之高险。而"封"字更是绝妙之笔，雾锁云封，更见山之高险。五、六两句乃绝妙之对，其以精细与夸张的手法突出了敖峰的纵横驰骋与雄浑。最后两句，作者和盘托出全诗主旨：登高望远，豁然而开朗。

穿越时空

敖峰叠翠

敖峰简直像一高大之天柱矗立晴空，
山岭重叠峰峦相接连绵不断翠重重。
险峻狭窄的山路蜿蜒曲折苔藓覆合，
山上仙亭孤单冷清被道道白云密封。
青色连着渤海泰山相隔三千里之遥，
大山高峻奇险气势压倒巫峰十二巅。
有时备带着酒攀游到达敖峰之峰巅，
天地之小一览无余真让我心胸豁达。

1. 品味全诗，找出一个你喜欢的字词，并说说它的妙处。
2. 诗中点明主旨的是哪一句？试概括全诗的主旨。

参考答案

1. 如"巍巍"二字复叠，山之高大有如特写，以近镜头缓缓推出；"倚"字化抽象为具体，把敖峰写得如擎天一柱，横空而立。"寂寞"以拟人手法出之，一箭双雕。一者突出敖峰的清静；二者以敖峰的孤单冷静，说明来人之少，间接地写出敖峰之危险等。

2. "载酒有时临绝顶，乾坤一览豁心胸。"主旨是登高望远，豁然而开朗。

（罗文娟）

31. 登蒙山^[1]

陆时雍

笋舆攀石磴，秋爽气氤氲。^[2]

怪窟留余润，高峰碍过云。

鸟鸣深树杳^[3]，人语半天闻。

欲洗襟怀俗，呼泉茗碗薰。^[4]

知人论世

陆时雍，生卒年不详，字幼淳，号平川。明代归安（今浙江吴兴）人，澄从子。嘉靖进士，嘉靖二年（1523）任上高知县。又知永宁，历工部郎中，累任江西提学副使。著有《平川遗稿》《南游漫稿》。事迹见《尚友录》二十一卷、《屠渐山文集》三卷。

助学通道

[1] 蒙山：在上高县境内。山势雄伟，绵延百里，观其山形，"万笏森罗，千章辐辏；叠垒崇岗，穷岩宦岫；山沓者如亲，峥者如斗；锐若戟森，圆若钟覆；腰断似峰，脊张似鹜。既山塞山产而郁纤，亦嶙山居而葱茂。峭壁则泉飞瀑走，能开磅礴之胸；阴崖则雾蚀霞红，莫辨晦明之候"；赏其奇秀，"碧嶂连天，青峦拔地……分旦昼以形殊，判阴晴而状异，泉流玉乳，香浮三峡之清；石吐莲花，色夺九华之媚"。蒙山胜迹如云，其中出类拔萃的有曹玉洞、白云洞、月光峰、龙洞山、独鳌峰等，此外，还有蒙山书院、竹楼书院、正德书院、石门书院、楚蒙山房等。据《读史方舆纪要》载，因"峭壁横险，厥材千寻，常有白云青霭蒙其上"，故名"蒙山"。蒙山山脉自来山石狮岭东出，高凌云汉，远接台星，一路行来，但见莽莽青山，苍翠欲滴。

[2] 笋舆（yú）：竹舆，竹轿。《汉书·严助传》"舆轿而隃（超过）领"，颜师古注引臣瓒曰："金竹舆车也，江表作竹舆以行是也。"石磴（dèng）：石级，石台阶。南朝梁·萧统《开善寺法会》诗："牵萝下石磴，攀柱陟松梁。"氤氲（yīn yūn）：形容烟或云气浓郁。南朝梁·沈约《芳树》："氤氲非一香，参差多异色。"

　　[3] 杳（yǎo）：远得看不见踪影。

　　[4] 茗（míng）：茶芽。一说指晚采的茶；南朝梁·任昉《述异记》卷上："巴东有真香茗，其花白色如蔷薇……煎服令人不能眠，能诵无忘。"薰（xūn）：（花草）香。

含英咀华

　　梁寅《蒙山赋》中说："表炎方之奇产，充天府之上珍"，上高有谚云："未山出草，蒙山出宝。"蒙山不仅有宝，而且古迹不少。

　　南宋文天祥的父亲文革斋，就曾设教于蒙山之阳的竹楼书院，纳徒授课。蒙山书院在当时非常有名。

　　古人登山，但凡身体力行。而陆时雍登山，却并不如此。开笔着"笋舆"二字，"笋舆"，乃竹轿。亲自到蒙山，却不徒步，而坐上轿夫的竹轿，足见山之高与险，一"攀"字再一次强调登上蒙山之艰。

　　可是正因为险，才美不胜收。你看，那奇洞怪窟，那高耸山峰，令人心驰；你听，那深山的鸟鸣之声，那半空的游人之语，驱人神往。一"怪"一"留"一"碍"，将"窟"与"峰"拟人化，写出"窟"与"峰"之灵性；而"鸟鸣"与"人语"，则突出静中之动，动静结合，衬出人与自然的和谐。最后两句，画龙点睛，写出作者想远离尘世、渴望自由的心声。最后以拟人化的手法，在"泉"之前着一"呼"字，简直是神清气爽。那山中泉、碗中茗、茶之薰，让作者感到自然之美，驱使作者归返自然，一心向善。难怪古人有云："智者乐水，仁者乐山。"

穿越时空

登蒙山

坐上轿夫竹轿攀登石台阶，秋高气爽云蒸葭蔚长精神。
奇山怪窟留有潮润润心扉，山峰高耸阻碍过往的云烟。
鸟儿们在那树林深处鸣叫，人的说话声在半空中听闻。
想把胸中藏着的俗气洗除，山泉浸泡之茶飘溢着清芬。

沙场点兵

1. 中间两联是从哪些角度来写景的？展开联想，运用生动优美的语言将所写之景描写出来。

2. 请找出本诗的诗眼，说说表达了作者怎样的思想感情？

参考答案

1. 中间两联从视觉、听觉的角度来写景。你看，那奇洞怪窟、那高耸山峰，令人心驰；你听，那深山的鸟鸣之声，那半空的游人之语，驱人神往。

2. 诗眼是"欲洗衣襟怀俗，呼泉茗碗薰。"表达了作者想远离尘世、渴望自由之声。

（鄢文龙　罗文娟）

32. 樟树镇[1]

潘 耒

水市章江岸，由来药物赊。[2]

珍丛来百粤，异产集三巴。[3]

鲍靓应频过，韩康或此家。[4]

何须乞句漏，即此问丹砂。[5]

知人论世

潘耒（lěi）（1646—1708），清初学者。字次耕，一字南村，号稼堂，晚号止止居士，尝变名吴琦。清朝吴江平望镇溪港（今属江苏）人。曾先后受业于徐枋（fāng）、顾炎武等。康熙十八年（1679）举博学鸿词科，授翰林院检讨，充日讲起居注官。曾与修《明史》。博通经史及历算、音学等，工诗文辞，兼长史学。《清史稿》有传。著有《遂初堂诗文集》四十卷、《类音》八卷等。

助学通道

[1] 樟树镇：旧属清江县，即今樟树市市区。

[2] 水市：水边的集市。章江：又名古豫章水、南江、章水。此处代指流经樟树段的赣江。由来：历来。赊（shē）：多。

[3] 珍丛：原指美丽的花丛，此借指珍贵的药材。百粤：亦作"百越"，我国古代南方越人的总称。此指百越居住的地方。异产：谓非本地所产。三巴：古地名，相当于今四川嘉陵江和綦（qí）江流域以东的大部地区。此泛指四川一带。

[4] 鲍靓（jìng）：晋东海[今山东郯（tán）城北]人，字太玄。学兼内外，精于炼丹与医药，明天文河洛书，为南海太守。活百余岁。应：表示料想之词。犹恐怕，大概。频过：屡次

前往；过，前往，来访。韩康：一名恬休，字伯休。东汉桓帝时霸陵（今陕西西安东北）人。其常至深山采药，卖药长安市，三十余年，童叟无欺，口不二价，后遁隐。或：或许，也许。家：安家落户，定居。

[5] 何须：何必。句漏：地名，即勾漏，此地盛产丹砂（朱砂）。即此：就此，只此。

含英咀华

这是一首赞美"药都"樟树镇的五言律诗。

首联"水市章江岸，由来药物赊"开门见山地交代了樟树镇在赣江边，是水边的一个集市，这个集市上的药材历来很多。也就是说这个不是我们平时买菜赶集的普通集市，而是做药材交易的，并且由来已久。这个药材集市交易的情况如何？颔联接着说了"珍丛来百粤，异产集三巴"。这个集市上的药材来自各个地方，一个"集"字说明了樟树已成为天下药材的集散地，照应了首联提到的"赊"，也就是药材多。

颈联和尾联用了三个名人的典故来写樟树的影响力。第一个典故是鲍靓的，这位学识渊博，精于炼丹和医药的神仙太守如果还健在，他一定会因为炼丹和制药的需要而常来药都樟树的。第二个典故是汉末韩康的。韩康对中草药有较深研究，常去陕西、四川的一些名山采药，经加工后，就在长安城里卖药，以此为生。他口不二价，童叟无欺，三十余年都如此，赢得了人们的赞誉。诗中说韩康如果活着，一定会赞叹樟树卖药商家的诚信，然后选择来樟树安家落户。第三个典故是西晋葛洪的。传说这位医药学家为就近炼丹，曾向朝廷乞求做盛产丹砂的句漏县令。"何须乞句漏，即此问丹砂"是说葛洪如果现在还在世的话，就不需要乞求到广西去做句漏县令，只在樟树药材集市上就可找到炼丹所需的丹砂了。再次强调了樟树药材的多和齐。

这首诗语言平实，感情含蓄却富有韵味，当属一篇佳作！

樟树镇

水边集市设在赣江边，历来交易药材非常多。
珍贵的药物来自南方，集合了四川一带良药。
鲍靓若活着恐屡前往，韩康或许来这里定居。
何必求当句漏的县令，这里当找到炼丹朱砂。

沙场点兵

1. 你认为全诗由几部分组成，为什么？
2. 你最喜欢诗中的哪个典故？请说说你的理由。

参考答案

1. 我认为全诗由两个部分组成。前两联主要写樟树作为药材的集散地，药材的多和齐，后两联通过典故更具体的表现樟树作为药都的影响力之大。

2. 示例：我喜欢第三个典故，因为通过对葛洪生平中为了炼丹而要求去句漏这个偏远之地的假设和想象，进一步印证了樟树这个药材交易集市的药材多且齐，照应了首联和颔联的描述。

（简 薇）

33. 苦竹洲^[1] 闻雁

王士禛

孤舟闻雁唳，春思满江湖。^[2]

北去经彭蠡，南飞异鹧鸪。^[3]

已惊关塞远，深念雪霜徂。^[4]

故国多烟水，音书好寄无。^[5]

知人论世

　　王士禛（zhēn）（1634—1711），清初杰出诗人。字子真，一字贻上，号阮亭，别号渔洋山人，人称王渔洋。雍正时避讳改名土正，乾隆赐名士祯，谥文简。清代新城（今山东省桓台县）人。顺治十五年（1658）进士。博学好古，诗为一代宗匠，与朱彝尊并称"南朱北王"。康熙时继钱谦益而主盟诗坛。早年诗作清丽澄淡，中年以后转为苍劲。擅长各体，尤工七绝。论诗推崇盛唐，创为神韵一派，以神情韵味为诗的最高境界。一生著述达500余种，作诗4 000余首。著作主要有《渔洋山人精华录》《带经堂全集》《香祖笔记》等。

助学通道

　　[1] 苦竹洲：又叫苦竹滩，洲多竹，因竹笋味苦而得名，现名"富竹洲"。位于今丰城城西六公里处赣江南岸一带的沙洲。

　　[2] 雁唳（lì）：雁的鸣叫。诗人常借雁抒情，有"鸿雁传书"的典故，寄托浓浓乡愁。春思：春日的思绪或情怀，这里指思乡之情。

　　[3] 彭蠡（lǐ）：一说是彭蠡湖，为鄱阳湖古称；一说为今安徽巢湖。异：异于，不同于。鹧（zhè）鸪（gū）：南方的一种鸟类。

[4] 关塞（sài）：边关、边塞。徂（cú）：通"阻"，阻止。

[5] 故国：指家乡。烟水：雾霭迷蒙的水面。音书：音讯，书信。

含英咀华

此诗约写于康熙二十四年（1685）五月，王士禛52岁。此时诗人已名扬天下，成为清初文坛公认的盟主，官位也不断迁升，常因公私杂事出游各地。一次，诗人出游已有一个多月，船过丰城苦竹洲时，听到大雁的一声声鸣叫，便触发了心中对家乡的思念之情。

诗的题目点明了地点和写作缘由：在苦竹洲听到大雁鸣叫。我们知道，大雁是候鸟，春秋迁徙，在秋天是南飞飞回故乡的，所以它的叫声最容易触动游子的思乡之情。首联的"孤"字，已暗示了作者此时的情感：孤独、孤寂。同时，"孤"字又表明诗人独自一人离家在外。于是在这种情况下，听到大雁的声声呼唤，诗人在心中就会自然而然地生出乡愁。所以作者说，他的思乡之情都溢满了江湖，这该有多么浓烈啊！接下来，诗人的思绪回到了大雁身上，他想：大雁往北飞一定会经过鄱阳湖，这样就离我的故乡更近了；而往南飞的大雁和南方的鹧鸪又是不一样的。鹧鸪的叫声和"行不得也哥哥"很像，也就是说即使有鹧鸪的挽留，诗人也是要像大雁一样飞回家乡的。所以颔联明写大雁北飞南飞，实际上是暗含自己的思乡之情。那么，就如大雁一样踏上回家的路吧！但是，回家的路并不容易，路途遥远且有雨雪风霜的阻隔，"已惊""深念"写出了作者的担心和忧虑。既然无法短时间内回到家乡，就先写一封家信寄托自己的感情吧。可是诗人突然想到，故乡的山水雾霭迷蒙，书信能不能顺利送达呢？诗歌写到这里戛然而止，留下了悠然的韵味让我们去咀嚼，留下了广阔的空间让我们去想象。且尾联进一步升华了思乡之情，照应了开头。

穿越时空

苦竹洲闻雁

一叶扁舟听闻大雁凄鸣，思乡情就这样溢满江湖。

大雁北飞会经过鄱阳湖，南飞又不同于南方鹧鸪。

辽远边关让人时时惊心，途中多了雨雪风霜之阻。

家乡多雾霭迷蒙的水面，寄给家人书信能否顺路。

沙场点兵

1. 诗人是如何表达自己的情感的？

2. 你还知道哪些古诗词中常见的意象？它们又代表着怎样的情感？请结合具体诗句试举出一两例。

参考答案

1. 诗人先写声声雁鸣勾起了自己的乡思，且思乡之情浓烈到溢满了江湖。然后诗人将大雁和鹧鸪两相对照，突出自己思乡之切。接着诗人想到回家的路并不容易，路途遥远且有雨雪风霜的阻隔，"已惊""深念"写出了作者的担心和忧虑。最后诗人想到写家书寄回，可是又突然想到，故乡的山水雾霭迷蒙，书信能不能顺利送达呢？层层深入，充分表达了对故乡深切的思念之情。

2. 示例：

（1）"松梅竹菊"寓高洁。松梅竹菊是品行高洁、不畏邪恶的形象化身，古人常用这四种形象表现高洁的情操。如刘桢的《赠从弟》"岂不罹凝寒，松柏有本性"。

（2）借"月"托"雁"寄乡思。皓月当空常常引起游子的思乡之情，唤起诗人的怀远之念。例如：李白的《静夜思》"举头望明月，低头思故乡"，杜甫的《月夜忆舍弟》"露从今夜白，月是故乡明"，再如苏轼的《水调歌头》"人有悲欢离合，月有阴

晴圆缺"，均表达了诗人的思乡之情。雁是一种候鸟，古诗词常用大雁南飞的景象书写在外游子的思乡之情。如王湾的《次北固山下》"乡书何处达？归雁洛阳边"。

（简　薇）

34. 寓静安寺[1] 书壁

严 嵩

山城下马对寒松，古寺重门一径中。[2]

林静已知巢鸟定，月明初觉梵堂[3]空。

惊传警铎敲残梦，爱听弦歌振古风。[4]

却叹此身浑似寄，萍踪[5]明日又西东。

知人论世

严嵩（1480—1567），字惟中，号介溪，又号勉庵。明代分宜县介桥人。弘治十八年（1505）进士，选庶吉士，授翰林编修。旋以疾归，居钤山之东堂，读书屏居七年。正德十一年（1516）还朝，累官礼部、吏部尚书。嘉靖二十一年（1542）为武英殿大学士，入直文渊阁。朝夕事勤，善伺帝意，颇得宠信。后为首辅，凡十五年，专擅国事，排斥异己。群臣先后上疏，极论严嵩、严世蕃父子罪状。嘉靖四十一年（1562），御史邹应龙等诉严世蕃罪状，世宗诛杀世蕃，令严嵩致仕。嘉靖四十四年（1565）籍没其家产，放归江西，寄食墓舍至死。事入《明史》《明史稿》。其工诗词、古文，诗尤冠于一时。为诗清丽婉弱，颇著清誉。著有《钤山堂集》，曾主修正德九年版、嘉靖二十五年版《袁州府志》。

助学通道

[1] 静安寺：又名静安院，位于万载县治东北约一百步处。

[2] 寒松：寒冬不凋的松树。常用来比喻坚贞的节操。重门：谓层层设门。

[3] 梵堂：寺院。

[4] 铎（duó）：本指古代的一种乐器。这里是指寺院里的钟

或铃铛一类的东西。弦歌：依琴瑟而咏歌。又多用来指礼乐教化。古风：古人之风。这里指质朴淳古的习尚。

［5］萍踪：浮萍的踪迹，常比喻行踪漂泊无定。

含英咀华

这是严嵩寄宿静安寺时题在墙壁上的一首诗。

首联交代自己的目的地和所处的环境。静安寺在万载，万载多山，当时是一个相对偏僻的小城，所以称之为山城。在山上生长着许多松树。当时正值严寒时节，那一棵棵松树依然苍翠，充满了生命力。来到静安寺这座古老的寺庙，"重门"二字，让我们可以想见当时寺院的规模。一重一重的门，由一条小路贯穿其中，给人一种清幽、深邃和神秘之感。语言简练，却恰当地写出了寺院特有的景象和气氛。

颔联写夜晚静安寺的安静、静谧。树林里安静了下来，鸟儿在巢中栖息着，明月当空照，在月光下，寺院显得空空荡荡。我们就会不由地想到，夜晚的静安寺这么安静，白天呢？白天有树林里鸟儿的鸣叫，有寺院中香客熙熙攘攘地磕头上香，是热闹非凡的。所以诗人在营造这样一个夜晚的安静氛围的同时，也激发了我们的想象力，展现另一幅白天的热闹场景，在对比之下更突出了寺院夜晚的寂静。

颈联写自己突然被寺院的钟声惊醒，听到钟声想到弦歌，想到要重振以前的淳朴古风。说明从前淳朴的社会风气现在已不复存在，要重新恢复它们，就必须有能力去推行曾经的那些礼乐教化。在此，诗人表达了他的志向和愿望，以及积极向上的人生态度。

但在尾联，诗人笔锋一转，感叹自己在人世间只是暂时的寄居，也就是时间很短，有很多事情来不及去做。而且在这短暂的人生中，自己此时的状态是漂泊不定的，今天在这里，明天就不知道是在西还是在东，更强化了那种现实带来的无助之感。理想和现实的对照，又加深了诗人的感叹，让我们感觉到这位有理想、有抱负的诗人对自己前途深深的忧虑。

这首诗对仗工整，语言平实但感情含蓄。尤其是后两联，道出了有志向的读书人心中普遍的感受，能够引起他们的广泛共鸣。

穿越时空

寓静安寺书壁

小山城下马面对傲立在严寒中的松树，
古老寺院中一条小路贯穿在重重门内。
树林静悄悄的便知鸟儿已在安定巢中，
月亮明亮皎洁让人觉得寺院荡荡空空。
突然传来寺院的钟声惊醒了我的美梦，
我想听到弦歌重振那质朴的古人之风。
可叹我这身体只是短暂地寄居在人间，
行踪漂泊无定的我不知明天又在西东。

沙场点兵

1. 颈联中最生动传神的是哪个字？为什么？
2. 品味全诗，你最喜欢哪一句？试说明理由。

参考答案

1. "敲"字。一个"敲"字，表面上是寺院的钟声敲醒了诗人的梦，实际上是敲醒了诗人那颗怀有壮志的心。没有"敲"字，就没有下文诗人想到自己的志向，更没有诗人由自己的志向想到自己此时的处境，产生理想与现实的对照，也就不会有能引起广大读书之人的共鸣。所以一个"敲"字，很好地开启了下文，使诗的主题和情感得以升华。

2. 示例：我最喜欢颔联，因为颔联写出了夜晚静安寺的安静、静谧。树林里安静了下来，鸟儿在巢中栖息着，明月当空

照，在月光下，寺院显得空空荡荡的。我们就会不由得想到，夜晚的静安寺这么安静，那么白天呢？白天有树林里鸟儿的鸣叫，有寺院中香客熙熙攘攘地磕头上香，是热闹非凡的。所以诗人在营造这样一个夜晚的安静氛围的同时，也激发了我们的想象力，展现另一幅白天的热闹场景，突出了寺院夜晚的寂静。

（简　薇）

35. 题袁州昌黎书院壁示学官弟子·用旧题潮州韩山韵^[1]（二首）

翁方纲

（一）

廿载题诗粤岭东，袁山仰止此心同。^[2]
党庠试与陈经训，蔚律先教课学童。^[3]
泰伯一碑犹感溯，临川三礼待旁通。^[4]
宜春台下低徊意，已过崇桃上巳风。^[5]

知人论世

　　翁方纲（1733—1818），字正三，一字忠叙，号覃（tán）溪，晚号苏斋。清代顺天大兴（今属北京市）人。乾隆十七年（1752）进士，授编修。先后典江西、湖北、顺天乡试，督广东、江西、山东学政，官至内阁学士，奖掖人才甚多。乾隆纂修《四库全书》时，奉命充当校理官，为各书撰作提要。精于金石、谱录、书画、碑版之学，系当时著名书法家、金石学家。书学欧、虞，尤长汉隶，与刘墉、梁同书、王文治齐名。诗宗江西诗派，提倡"肌理说"，以补"神韵说"之不足。今存诗作2 800余首，按其内容可分两大类：一类是"学问诗"，他把经史、金石等考据勘研内容写进诗中，这类诗多七言古诗，诗前有序或题注，这种序、注本身也是经史或金石的考据勘研文字；另一类是记游诗，主要记述作者的生活行踪、世态见闻、山水景物等。著作主要有《两汉金石记》《粤东金石略》《复初斋诗集》《石洲诗话》等。

助学通道

　　[1] 昌黎书院：韩愈曾于唐元和十五年（820）任袁州刺史，

有德政。宋皇祐五年（1053），知州祖无择（上蔡人）始立韩文公祠以祀之，其址在袁州府学讲堂西，元末毁于兵。明正德十四年（1519），巡抚都御史韩雍行部至袁，命知府姚文移建于宜春台右。宜春自建韩文公祠，历代迭修不已，每岁春秋二祀。明嘉靖年间（1522—1566）于此扩建昌黎书院，祀韩如故。其址在今宜春台东南侧宜春四中校园内。旧题潮州韩山韵：翁方纲曾视学潮州，作诗《示潮州学官弟子二首》。后潮州士子和者众多，翁方纲又作《前诗潮士和者八百人叠韵示之》。乾隆五十二年（1787），翁方纲视学袁州，用前韵作诗二首，并题诗昌黎书院壁，以励后学。

[2] 廿（niàn）载：二十年。粤岭东：广东省别称"粤东"，此处指潮州。仰止：仰望；止，语助词。

[3] 党庠（xiáng）：指古代乡学。语出《礼记·学记》："古之教者，家有塾，党有庠。"唐·刘禹锡《绝编生墓表》："死则必葬我于党庠之侧，尚其有知，且闻吾书。"陈：陈述，述说。经训：经籍义理的解说。尉律：汉代律令为廷尉所掌管，故称"尉律"。《说文·叙》："尉律：学僮十七以上，始试讽籀（zhòu）书九千字，乃得为吏。又以八体试之，郡移太史并课，最者以为尚书史，书或不正，辄举劾之。"段玉裁注："谓汉廷尉所守律令也。"课：考核，考查。

[4] 泰伯一碑：李盱（xū）《江学记》记泰伯事，当时重刻。感溯：追忆时尤为感动。临川三礼：宋元思想家、教育家、理学家吴澄《春秋纂言》曾引此书。王安石著《周礼新义》二十二卷，并以之取士，其书尽反先儒之说，以一己之见，改古人之事，变三代之礼。旁通：遍通，广泛通晓。

[5] 低徊：徘徊；流连。崇桃：指桃树结实繁盛，常作"崇桃积李"，此处有桃李满天下之意。明·吴宽《清明谒陵值雨留昌平学舍》诗云："崇桃积李诗家景，绿野青山画障情。"上巳（sì）：节日名。古代以阴历三月上旬巳日为"上巳"；魏晋以后，定为三月三日，不必取巳日。上巳风，应指三月的春风。

含英咀华

　　此诗写于乾隆五十二年（1787），翁方纲五十五岁。此时翁氏已著作等身，誉满天下。诗歌着重表达的是翁方纲的教育思想，诗的艺术价值则不甚高。翁方纲热衷于教育事业，且极为注重对地方士子的教育和提携。

　　诗作首联从作者曾经题诗潮州写起，表明自己此次题诗昌黎书院的目的是为激励后学，和在潮州一样。颔联中作者认为在乡学中学习的内容应为"经训"和"尉律"。颈联中作者运用典故，用泰伯的故事激励学子增进道德。泰伯是周太王的长子，周文王的伯父。周太王有三子：长子泰伯、次子中雍、三子季历。他的三个儿子都孝顺贤良，而他更喜欢季历之子姬昌。但是根据"立长不立贤"的传统，他不可能传位给季历，从而也就不可能让姬昌接班。泰伯、仲雍看出了父亲的心思，就决定用出逃的方式放弃继承权，以成全姬昌。于是，他们假托到终南山采药，离开周原，东行南下，一直逃到江南。后来周太王传位于季历，季历传位于姬昌。姬昌就是奠定周朝 800 年江山的周文王。孔子对泰伯赞佩备至："泰伯其可谓至德矣。三以天下让，民无得而称焉。"接着诗人写以宜春旧本《春秋分记》试诸生，而诸生竟全然不知，因之诗人倍感忧心。尾联表达了诗人对袁州士子教育的担忧之情，同时又提出了重现桃李满天下盛况的希望。

穿越时空

题袁州昌黎书院壁示学官弟子·用旧题潮州韩山韵（二首）
（一）

二十年前我曾题诗粤岭之东，景仰袁山之心与景仰韩愈同。
乡学中教授经义并测试士子，且先教朝廷律令再考核学童，
泰伯礼让至德的故事动人容，临川三礼之书尚待广泛贯通。
徘徊在宜春台下我忧心忡忡，何时再书桃李天下沐浴春风。

1. 诗歌的颈联运用了什么表现手法？试说说其表达效果。
2. 品味全诗，试概括全诗的主旨。

参考答案

1. 诗歌的颈联运用了典故的表现手法，前一句作者列举了商朝晚期泰伯以出逃的方式让贤的故事，委婉含蓄地表达了作者希望学子增进道德修养；后一句讲述作者以宜春旧本《春秋分记》试诸生，而诸生竟全然不知，不能做到广泛通晓，委婉含蓄地表达了作者对袁州士子教育的担忧。

2. 全诗着重表达了诗人的教育思想，以及对袁州士子教育的担忧之情和殷切的希望（希望重现"崇桃上巳风"）。

（二）

西江旬日棹澄澜，为学津梁渐有端。[1]
忠孝即从谈艺起，师儒莫作具文看。[2]
雨馀蚕月农功卜，春动芹池士气欢。[3]
忝荷衡才弥愧甚，步趋处处得瞻韩。[4]

助学通道

[1] 西江：珠江水系干流之一。旬：十日为一旬。棹（zhào）：划动船桨。澄澜：澄清波澜。津梁：渡口和桥梁，借指学习的门径。

[2] 艺：这里指的是代表儒家文化的经传之书，只有深研经传大义才能增益忠孝之德。翁方纲曾云："士生今日，经籍之光，盈溢于宙宇，为学必以考证为准，为诗必以肌理为准。"（《志言集序》）"义理之理，即文理之理，目口肌理之理也。"（同前）他认为宋、金、元诗接唐人之脉而稍变其音，而明代诗人只是沿袭格调，并无一人具有真才实学，只有清朝经学发达，可以用经

术为诗。(《神韵论下》)这种主张，是当时统治者极力提倡经学、考据学在文学上的反映。师：向……学习。具文：空文。"上计薄，具文而已。"(《汉书·宣帝纪》)

[3] 蚕月：蚕忙时期。高亨注："蚕月，即夏历三月，养蚕的月份，所以叫蚕月。"农功：农事。卜：占卜。士气：士子学习的劲头。

[4] 忝：(tiǎn) 辱，有愧于，常用作谦辞。荷（hè）：承担、担当。韩：韩愈。瞻韩：敬仰韩愈，学习韩愈。

含英咀华

开篇作者由自己在西江乘舟而行的经历想到学问津梁的开启。求学犹如行舟，只有奋力向前、刻苦钻研才能打开学问的大门。诗人的拳拳教诲之心溢于言表。接着诗人认为忠孝应从深入钻研经典而起，这里的"艺"指的是代表儒家文化的经传之书，只有深研经传大义才能增益忠孝之德。翁方纲曾云："士生今日，经籍之光，盈溢于世宙，为学必以考证为准，为诗必以肌理为准。"(《志言集序》)这种主张是当时统治者极力提倡经学、考据学在文学上的反映。此外，还需向先儒学习。诗人着重指出学习先儒不能脱离实际。这是诗人对士子们的殷切期望，也是他为文的经验之谈。然后，"雨馀"二句描绘了一幅动人的盛况：夏历三月雨天农闲之余，人们忙着占卜预测农事的吉凶，而士子们则在春天来临之际学习的劲头高涨。这是诗人希望看到的景象，也是诗人对士子的美好祝愿。最后两句照应开头，回到作者自身，说由自己来评定人才实觉有愧，而只有韩愈才能担当此任；尾联照应诗题，敬仰韩愈，学习韩愈！

穿越时空

(二)

西江十日划动船桨乘舟而行，想到治学门径渐进才有绪端。

忠孝就应深研经传大义而起，学习先儒不能写作空文而看，
雨天农闲之余占卜农事吉凶，目睹春季士子学习劲头高涨。
担当评定人才重担实感惭愧，亦步亦趋敬仰韩愈学习韩愈。

沙场点兵

1. 作者认为应从哪里去学习忠孝之义？

2. 诗歌流露出作者怎样的为文之道，请加以概括总结并联系现实，谈谈我们该如何写作？

参考答案

1. 诗人认为忠孝从"艺"而起，这里的"艺"指的是代表儒家文化的经传之书，只有深研经传大义才能增益忠孝之德。

2. 作者认为为文不能脱离实际，不能写作空洞的文章。第二问略。

（陈金玲）

36. 偶过西村（之二）

朱 轼

傍水柴门^[1]柳半遮，不成村落两三家。
红垂柿叶经霜落，绿折藤梢过雨斜。
妇女纺线缝袯襫^[2]，儿童问字记桑麻。
白头老叟浑闲事，携酒东篱就菊花。^[3]

知人论世

朱轼（1665—1736），字若瞻，号可亭，谥文端。清代高安县村前镇人。康熙三十三年（1694）进士。任翰林院庶吉士。曾官潜江知县、刑部主事、刑部员外郎、陕西学政、光禄寺少卿、奉天府尹、通政使、浙江巡抚、左都御史、吏部尚书加太子太保、文华殿大学士兼吏部尚书、韩林院掌院学士。先后充任康熙、雍正皇帝实录官。著有《易春秋详解》《周易注解》《周礼注解》《仪礼节略》《历代名臣名儒循吏传》等。《清史稿》有传。

助学通道

[1] 柴门：用柴木做的门。

[2] 袯襫（bó shì）：蓑衣之类的防雨衣。一说为粗糙结实的衣服。

[3] 老叟：男性老人。浑闲事：犹言寻常事。宋·陆游《买油》："冬裘不赎浑闲事，且为吾儿续短檠"。高旭《闻成琢玉来沪赋寄》："江湖放浪浑闲事，不合生才似此休。"东篱：晋·陶潜《饮酒》之五："采菊东篱下，悠然见南山。"后因以指种菊之处或菊圃。就：指主动亲近，俯就，这里指观赏。唐·孟浩然《过故人庄》："待到重阳日，还来就菊花。"

　　一代名臣朱轼，生活在中国历史上有名的"康乾盛世"，在康熙、雍正、乾隆三朝做过官。一生辗转任职于多个地方。此处"西村"到底指哪个地方，现在已无法坐实。据推测，大概在今村前镇一带。这首诗的写作年代也无从稽考，可能是在诗人入仕后某次回乡偶然经过西村时所写。

　　这首诗可分为前后两个层次：前四句写农村自然景物，后四句写农村风俗人情。首句，诗人给我们展示了一幅这样的画面：一条小河潺潺流淌，岸边杨柳依依，绿枝掩映中一扇简朴的木门依稀可见，一片朦胧，一片幽静。然后诗人把视线放大投远，看到稀稀落落地住着二三户人家。虽以"西村"相称，但实际上房舍不多，人口也少，所以诗人说简直算不上一个村落。前两句作者写的是远景，描写的角度由小到大，由点到面。三、四句写近景，前句写红叶，后句写绿藤。诗人进入村口，首先映入眼帘的是一棵大柿树，在这深秋季节，树叶经历几次风霜之后，大部分都已经凋落了，地面也许铺满了薄薄的一层，望去一片绯红。偶尔能看到枝头上仍有几片倒垂的红黄色叶子在风中顽强地飘摆。路旁的藤蔓盘桓缠绕着树枝，因为刚下过一场雨，所以碧绿的藤梢翻卷着叶子，歪斜向一边。诗人观察非常仔细，景物描写十分细腻，使人真切地感到秋风之强劲、秋雨之急促。选景也很讲究：一高一矮，一藤一木，一红一绿，两两对照，远近高低色彩斑斓，炫人眼目，描绘出一幅非常美丽的农村风景画。后四句转入写人，写农村风俗人情。诗人继续往前走，穿过柳丛，走过柿树旁，拐过屋角，幽静的村子突然变得热闹起来。纺车声、读书声，一阵阵传来。走近看，村中几个妇女正在纺线缝制衣服；一群小孩拿着纸笔在记录着与农村生活密切相关的事物（"桑麻"），还不时地向大人询问一些自己不懂的字词；一个头发斑白的老人似乎非常悠闲自在，提着一把酒壶在花坛赏菊花。诗人在这里选写了三类人：妇女、儿童、老叟，概括了男女老少，代表了所有"村民"。通过对村民生活场景的叙述描写，本诗勾画出一幅悠闲、安静、幸福、祥和的农村生活图景。诗人是一个清廉正直的良吏，平素十分重视整肃吏治和端正风俗。他曾经说过："查吏莫先于奖廉惩贪，厚俗莫要于戒奢崇俭。"所以西村淳朴的民风和幽静闲适的生活引起了诗人极大的兴趣。细读本诗，我们不难体会出诗人对农村自然风光的热爱和对农村朴素民风的欢喜之情，也不难体会到诗人的闲雅情趣。

穿越时空

偶过西村（之二）

柴门依傍河水绿柳依依半掩，小小村庄稀落间两三户人家。
经霜柿叶片片红垂叶叶凋落，风雨过后绿叶翻卷藤条横斜。
妇女纺纱垂线忙着缝制衣服，儿童学字询问如何书写桑麻。
白发老人安乐清闲而又自在，携着罐酒来到花坛观赏菊花。

沙场点兵

1. 诗中哪个词语点明季节时令？

2. 诗歌前四句描绘了一幅农村自然景物图，请用优美的语言加以描绘。

3. 试从网上搜索关于"菊花"为题材的诗歌五首，并加以积累背诵。

参考答案

1. "柿叶经霜落"，点明了深秋季节。

2. 一条小河潺潺流淌，岸边杨柳依依，绿枝掩映中一扇简朴的木门依稀可见，一片朦胧，一片幽静。然后把视线放大投远，看到稀稀落落地住着二三户人家。进入村口，首先映入眼帘是一棵大柿树，在这深秋季节，树叶经历几次风霜之后，大部分都已经凋落了，地面也许铺满了薄薄的一层，望去一片绯红。偶尔能看到枝头上仍有几片倒垂的红黄色叶子在风中顽强地飘摆。路

旁，藤蔓盘桓缠绕着树枝，因为刚下过一场雨，所以碧绿的藤梢翻卷着叶子，歪斜向一边。一高一矮，一藤一木，一红一绿，两两对照，远近高低色彩斑斓，炫人眼目，描绘出一幅非常美丽的农村风景画。

3. 略。

（陈金玲）

37. 丙申春日题胡氏含晖园壁

晏善澄

三日未窥园[1]，绿阴已满户。

荫我堂上书，朗然悦心绪。[2]

迟迟昼漏移，展卷忘时序。[3]

欲倦起绕池，一鸟鸣高树。

爱此静境中，物我皆得所。

人生各有适[4]，此适谁与语。

知人论世

晏善澄（1740—1802），字准吾，号秋渠，一号薇东。清代上高县辛义中堆峰人。乾隆三十六年（1771）举人，乾隆四十三年（1778）进士。官湖北崇阳、孝感知县。以军功擢升荆州知府，未赴，告病归里。醉心诗、书、画，时人称"三绝"。有《述园遗稿》行世。

助学通道

[1] 窥园：观赏园景。《汉书·董仲舒传》："（仲舒）下帷讲诵，弟子传以久次相授业，或莫见其面。盖三年不窥园，其精如此。"颜师古注："虽有园圃，不窥视之，言专学也。"

[2] 荫（yìn）：荫庇。朗然：疏朗，稀疏而清晰。

[3] 迟迟：表示时间长或时间拖得很晚。昼漏：谓白天的时间。漏，漏壶，古代读时的器具。时序：季节变化的次序。

[4] 适：安逸，满足。

含英咀华

"三日未窥园，绿阴已满户。"诗人一开笔就暗用汉代董仲舒

"三日不窥园"之典，简洁而鲜明地传达出自己的专学。之后又用拟人化的手法，写出大自然变化的神奇。绿荫满庭，荫庇着诗人的书房，那稀疏清晰的倩影，让其心情愉悦，好生快乐！绿阴满户，沁人心脾，一个"荫"字，突出绿荫对"我"阅读心境之效。稀疏而清晰的绿影让"我"心旷神怡，以致在展书自怡时竟忘记了季节变化的次序，哪怕是稍有倦意，但一绕池而游，高树之巅的小鸟鸣叫就唤醒了"我"的神志。从后面四句可以看出，作者追求的是人与自然的和谐。作者既崇尚读书，更期待归返自然，物我两忘，各得其所。

全诗与陶渊明《饮酒》（其五）意境不谋而合，有异曲同工之妙。虽无隐括之嫌，却有殊途同归之旨。"结庐在人境，而无车马喧。问君何能尔？心远地自偏。采菊东篱下，悠然见南山。山气日夕佳，飞鸟相与还。此中有真意，欲辨已忘言。"这里的"问君何能尔？心远地自偏"，意为心既远离了尘俗，自然就会觉得所处的地方僻静。显然陶渊明认为归隐在心不在形，只要具有安宁之心，即便在尘世人境，依然如同在僻远的山林。而"此中有真意，欲辨已忘言"，正应了庄子之言。《庄子·齐物论》："辩也者，有不见也。夫大道不称，大辩不言。"《庄子外物》："言者所以在意，得意而忘言。"两者的相同之处在于，均写园中景，以事真、景真、情真而见意之真，表现出园中生活的恬静闲适以及远离官场、洁身自好、不慕名利、与世无争的人生态度。

穿越时空

丙申春日题胡氏含晖园壁

好久没来观赏含晖园景，园中绿荫早已布满庭户。
正好荫庇我的堂上之书，稀疏清影愉悦我的心情。
白天时间漫长缓慢推移，展开书卷忘了季节次序。
有所倦怠起身绕游园池，发现一鸟鸣于高大之树。

喜欢这等天籁宁静之境，大自然与人类各得其所。

人生有各自的惬意满足，此种惬意满足和谁相语。

沙场点兵

1. 末尾句中，"此适"是指一种怎样的舒适与满足的生活状态？

2. 全诗表达出诗人一种怎样的人生态度？

3. 请你用生动的语言描绘"荫我堂上书，朗然悦心绪"的含晖园情景（至少用两种修辞手法，100 字左右）。

参考答案

1. 陶醉于诗书之雅与自然之美中，物我两忘，怡然自得。

2. 远离官场，洁身自好，不慕名利，与世无争。

3. 示例：满眼都是无限绿意！浓密的树阴覆盖着堂前窗户，阳光透过叶缝泼洒下来，团团疏影，斑驳摇曳，荫庇着桌上展开的书卷。绿影婆娑，时隐时现，故意与我捉迷藏，挑逗着倦怠的心，怎不叫人心情大好？

（陈爱莲）

38. 渊明[1]故里

胡纬民

冥鸿高举万层霄，谁识吾村旧隐陶。[2]

名迹多留康乐壤，清风犹想义熙朝。[3]

书声台古终难冷，墨浪池香久未消。[4]

小子何缘居得近，时寻五柳过双桥。[5]

知人论世

　　胡纬民，生卒年不详，字武孙，号桐洲。清代新昌县（今宜丰县）新安乡人，康熙四十一年（1702）举人，官龙泉、进贤教谕。淹贯经史，精时艺（八股文），尤长古文词。著有《桐洲时艺》《桐洲文集》。

助学通道

　　[1] 渊明：即陶渊明，字元亮，号五柳先生，世称靖节先生，入刘宋后改名潜。东晋末期诗人、文学家、辞赋家、散文家。

　　[2] 冥鸿：高飞的大雁；冥，深远。霄：云际，天空。旧隐陶：古时隐居田园的陶渊明；旧，古代，过去。

　　[3] 康乐壤：宜丰为古阳乐、康乐城所在地。北宋初太平兴国间史官乐史撰《太平寰宇记》载："阳乐县城在州（筠州）西北八十里义均（今宜丰棠浦）""晋武帝太康元年""阳乐县改为康乐县"。清风：高洁的品格。义熙：东晋皇帝晋安帝司马德宗的年号。义熙元年（405），陶渊明辞彭泽县令，归隐田园。

　　[4] 书声台古：《大明一统志》（卷之五十七）"瑞州府"之"古迹"载："在新昌县东二十里。有陶渊明读书堂。"墨浪池香：《大明一统志》（卷之五十七）"瑞州府"之"古迹"载，在新昌

县东二十里的澄塘乡观前村，有洗墨池。池西沿为三合土筑成的水池，池底今仍可见三合土残渣，池另三沿已没入溪流中。陶渊明尝于此洗笔砚。

[5] 小子：指诗人自己。五柳：陶渊明曾在宅前栽五棵柳树，自号"五柳先生"。

含英咀华

此诗是陶渊明故乡的同村人胡纬民所写。诗人站在后人的角度，介绍陶渊明的事迹和影响。全诗充溢着骄傲、自豪之情。

开篇两句，自豪之情喷薄而出：我村陶公的名气如鸿雁高飞直贯云霄，千百年来谁不知道呢？"谁识"即"谁不识""谁都识"强调陶渊明的知名度之高。陶渊明作为固穷守志的前辈文人，其节操确实感动一代代后人。作为陶渊明的同村后人，以他为荣更是理所当然。

颔联和颈联介绍陶渊明的事迹："名迹多留康乐壤"，指陶渊明回归故里以后，在故乡康乐留下了很好的名望，很多事迹被后人传诵。康乐在此即指丰城，当然也包括万载一带（谢灵运曾官宜丰、万载一带，赐名康乐公）。"清风犹想义熙朝"：拜访陶渊明故里的人一想起陶渊明的行为事迹、清高品格，就不能不想起他义熙元年回归田园之事。这一年，四十一岁的陶渊明在江西彭泽做县令。从八月到十一月，不过八十三天，便声称"不愿为五斗米向乡里小儿折腰"，挂印归田。从此结束了时隐时仕、身不由己的生活。这是陶渊明的一个重要的人生选择，也是其思想、感情发展过程中的一个重要经历。归隐之初，他写了《归园田居》，其中"少无适俗韵，性本爱丘山""久在樊笼里，复得返自然"已经比较清楚地交代了隐居动机，也表达了他的隐居思想，而这一作品也因此被传诵千古。

千百年来，来宜丰陶渊明故居凭吊的文人骚客络绎不绝，为之作诗作赋的人层出不穷。所以作者有"书声台古终难冷，墨浪池香久未消"之说。"书台""墨池"都是陶渊明在宜丰留下的

遗迹（据统计，陶渊明在宜丰留下的遗迹有三十多处，除此两处外，还有东皋岭、赋诗湾、醉卧石，渊明洞等），人们凭吊陶渊明时，睹物思人，陶渊明吟诗作赋的慨然之声仿佛还在耳边回响；他洗笔时散发的墨香似乎还在空气中弥漫；他避世归隐、誓不与俗流为伍的形象宛如就在眼前。每一位前来凭吊的游人都会肃然起敬，而这种崇敬之情必将延续下去。

最后两句，作者再一次直抒胸臆：作为陶渊明的同村人，我是多么的幸运啊！你看别人都是不远千里万里前来寻访渊明故里，瞻仰陶公的高风亮节，而我却想什么时候去就什么时候去，多好啊！"小子"二字表达了作者的自谦和对靖节先生的崇敬之情，同时又活现调皮骄傲之态，把能与陶公同村的荣耀之感表现得淋漓尽致。而"缘何"二字又似乎告诉大家，这是上天的厚爱，更是靖节先生冥冥之中的安排，为了满足我能随时瞻仰陶公遗风而特意让我降生在陶村！庆幸、感激之情又跃然纸上。"时寻五柳过双桥"，则把作者经常拜访陶渊明故居的行为写得活泼而生动，读者眼前马上出现了一个从孩童时代就不时到陶宅前玩耍、成年之后又带着研究和敬仰之情时不时跨过双桥进入陶宅的作者形象。神形毕肖，让人叹服。

综观全诗，语言清新质朴、平实而富有表现力是其最大的艺术特色。

穿越时空

渊明故里

陶公名气有如鸿雁高飞直贯云霄，隐居我村自古至今谁人能不知晓？
陶公事迹在康乐大地被津津乐道，高尚品格令人时常想起义熙之朝。
书台余声因凭吊而千年都不寂寞，笔池墨香在追思中至今久久未消。
我庆幸自己居所距陶宅如此之近，观赏五柳瞻仰高风只需跨过双桥。

沙场点兵

　　1. 作为陶渊明的故乡人，诗人有着怎样的复杂感情？

　　2. 从诗中对陶渊明事迹和影响的介绍，你认为陶公是一个怎样的人？

参考答案

　　1. 对陶渊明的敬仰和赞美、为自己生在陶村而庆幸与感激和作为陶渊明故里人的骄傲与自豪之情。

　　2. 安贫乐道、淡泊名利、坚守自我、不与世俗同流合污。

（陈爱莲　刘清玲）

39. 坤山[1] 夕照

周 澍

城闉西去见坤冈[2]，恰好郊行趁夕阳。

岭外飞来孤鹜[3]白，山凹露出远峰黄。

鹿柴鸟散烟初暝[4]，牛背人归影倍长。

万丈霞光烘晚景，携筇独自立苍茫。[5]

知人论世

周澍（shù），生卒年不详，清代钱塘人（在今浙江杭州市），拔贡生（明、清国家特考贡生，每三年各省学政就本省生员择优保送中央参加朝政合格的称为拔贡）。嘉庆十一年（1806）和十三年（1808）先后任万载知县。

助学通道

[1] 坤山：据1987年版《万载县志》载：坤山位于县城约两公里处，有一团巨石傍依山麓，夕阳西下，斜照石上，是谓坤山夕照。因城内外已无太阳照射，唯该石上独有，以此称奇，为万载古八景之一。

[2] 城闉（yīn）：城内重门，亦泛指城郭。坤冈：坤山。

[3] 鹜（wù）：野鸭。

[4] 鹿柴：以木栅为栏，谓之柴，鹿柴乃鹿居住的地方。暝（míng）：幽暗，昏暗。

[5] 烘：烘托，渲染。筇（qióng）：一种竹，实心，节高，宜于作拐杖，此处指竹做的手杖。

含英咀华

此诗是作者任万载知县期间所作，作者置身其间，把夕阳映照下的坤山描绘得清晰可见，整首诗就像一幅笔法细腻、色彩浓烈的油画。

首联紧承题目，叙述郊游之事。夕阳西下，作者来到坤山欣赏美景，随着脚步的前进，夕阳下的坤山全貌展现在眼前，而身后的城郭却在夕阳的映照下显得更远。

颔联描写坤山之景。从坤山那边飞来一只野鸭，在夕阳的映照下，亮白的身子格外耀眼。山上平时被云雾笼罩的山凹此时也褪去了朦胧的面纱，露出全貌；远处的青峰也被夕阳的余晖涂上了一层神秘的金黄色。这两句看似白描，却色彩明丽，诗句中虽用"孤""黄"二字，但衬托上"白""远"二字，丝毫不见孤独、寂寞之意，反而显得宏大壮美。

颈联继续写景，但目光已转向坤山脚下。夕阳之下，暮色渐浓，炊烟缭绕，鸟儿回到树上的巢穴，牲畜回到圈栏，骑牛回家的牧童影子被夕阳拉得很长。这两句就如一幅优美的田园风景图，令人心生向往。

尾联前一句以晚景作结，后一句抒写自己的心情。万丈霞光烘托下的坤山显得分外美丽，自己作为县令，应该怎样做才能不辜负如此美景？想到这里，作者心里升起难言的惆怅和孤独。

诗是情感的自然流露，整首诗作者把大多数的笔墨用在写景上，只有最后一句以抒情结尾，对美景的细致描绘正是为了替抒情打下基础，水到渠成。

穿越时空

坤山夕照

夕阳西下城廓影长映现坤冈，步出郊外观赏美景恰趁夕阳。
坤岭外飞来只野鸭亮白耀眼，云雾褪去山凹毕现远峰金黄。
禽鸟归巢暮霭渐起炊烟缭绕，牧童们骑牛归来影子格外长。
万丈霞光烘托山城晚景如画，苍穹之下扶杖独立思绪茫茫。

1. 品味全诗，你最喜欢哪几句？试说说你喜欢的理由。

2. 诗中表达作者感情的是哪两句，表达了作者怎样的思想感情？

3. 颈联描写了一幅优美的田园风景图，请你用优美的语言把它描绘出来。

参考答案

1. 示例：颔联描写坤山之景：从坤山那边飞来一只野鸭，在夕阳的映照下，亮白的身子格外耀眼。山上平时被云雾笼罩的山凹此时也褪去了朦胧的面纱，露出全貌；远处的青峰也被夕阳的余晖涂上了一层神秘的金黄色。这两句看似白描，却色彩明丽，诗句中虽用"孤""黄"二字，但衬托上"白""远"二字，丝毫不见孤独、寂寞之意，反而显得宏大壮美。

2. 最后两句。作者以晚景作结，兼写自己的心情。万丈霞光中，坤山分外妖娆，连带整个山城都如诗如画，令人迷醉。然而，作为县令的自己，如何才能不辜负这些美景，如何才能在有限的任期内为百姓开创更美好的生活呢？想到这里，作者心里升起一股惆怅，苍茫的背景下，孤独的感觉也横空袭来。

3. 略。

（张艳辉）

40. 钓鱼台

卢尔洛

山回岸曲翠屏隈，怪石江皋拥钓台。[1]

映碧潭空悬倒影，濒涯[2]水落长新苔。

忘机趺坐朝还暮，任意垂纶去复来。[3]

仿佛富春渔隐地，清时频起渭滨才。[4]

知人论世

卢尔洛，生卒年不详，字营周，清代万载县二都观上人。县廪生。勤奋刻苦，博学多闻，贯通经史。但科场不顺，屡试不第。后来主要以教书为业。晚年更加勤学，建上达斋，以教育家族子孙。著《春秋类释》。

助学通道

[1] 回：迂曲、曲折。翠屏：绿色屏；借指青翠的竹丛。隈（wēi）：山水弯曲隐蔽处。江皋：江岸，江边高地。

[2] 濒涯（bīn yá）：濒，靠近，临近。涯，水边、岸。濒涯即岸边。

[3] 忘机：消除机巧之心。常用以指甘于淡泊，与世无争。趺（fū）坐：盘腿端坐。垂纶：纶，指粗丝线，多指钓鱼用的丝线；垂纶即垂钓。

[4] 富春：指富春江。泛指古富春地区。东汉严光曾经隐居此地。渔隐地：隐居之地。渔隐，以打鱼的方式归隐。清时：清平之时、太平盛世。起：举用，任用。渭滨：渭水（渭河）之滨，因姜尚曾垂钓于此，被文王发现并重用，后来就以"渭滨"指姜尚。

这是一首述怀诗，写得委婉含蓄。

首联写钓鱼台所处的位置和环境。前一句写一条小溪蜿蜒穿梭于青山之间，在小溪弯曲之处一丛丛竹子像翠绿的屏风排在面前。后一句写石拥钓台这一景象。小溪的岸边有一块石头高地，长年累月受江水的冲击，变得奇形怪状。中间是一块平整的石面，像一个专门为钓鱼者设置的平台。

颔联写溪水潭影，溪岸藓苔。小溪的拐弯处水流迂缓回旋形成一个水潭。潭水清澈透明，两岸的青山，蔚蓝的天空，倒映在潭水中。两边堤岸，水落石出，石块上都长出了一层碧绿的苔藓。这两句给我们描绘了一个寂静清幽的环境。

颈联写小潭垂钓。句中"忘机趺坐""任意垂纶"点明了垂钓者的身份和意趣。"朝还暮"与"去复来"相对，兴致来时垂纶碧波，兴致去时收竿归家，任意自然，不用强求。

尾联由钓鱼而生发感叹，表达诗人渴望被朝廷起用的愿望。前一句用严光的典故。严光是东汉时期有名的隐士。据记载，他跟光武帝刘秀以前是同学，刘秀当上皇帝以后，就想重用严光，把他请到京都并授予官职，但是严光拒绝了。他回到老家，隐居于富春山，垂钓于富春江，过着悠闲的钓徒生活。据说浙江桐庐富春山还保留有严光的钓鱼台。诗人正是由眼前的钓鱼台自然想到富春山的钓鱼台，眼前的山也仿佛成了富春山。后一句用了姜尚遇文王的典故。姜子牙在落魄时曾在渭滨垂钓，遇到周文王，被拜为丞相，辅佐文王建立了强大的周朝。姜尚也因此建立了伟大的功业。诗人用严光和姜子牙的典故，也就是希望自己终有一天能够像光武帝请严光出山一样，有机会被重用，能够像周文王起用姜子牙一样，自己也被明君起用。

穿越时空

钓鱼台

山弯水曲翠竹好像屏风，江边怪石突起簇拥钓台。
碧潭清澈倒映青山白云，河水退落岸边长出藓苔。
端坐静养消除机巧之心，垂钓碧波任我自由往来。
好像富春江严光隐居地，太平盛世用姜尚般人才。

沙场点兵

1. 赏析诗中写景的句子。
2. 尾联运用了什么手法，表达了诗人怎样的思想感情？

参考答案

1. 示例：首联写钓鱼台所处的位置和环境，颔联写溪水潭影，溪岸藓苔。在对"山回岸曲""怪石""钓台""碧潭""悬影""水落新苔"的描述过程中，为我们描绘了一个寂静清幽的环境。

2. 借用典故。尾联由钓鱼而生发感叹，用严光和姜子牙的典故，表达诗人渴望被朝廷起用的愿望。

（张艳辉）

41. 柳　絮[1]

辛素霞

轻似微尘白似纱，帘旌[2]扑遍又窗纱。

眼前一去因风力，日后相逢定水涯。[3]

明月无痕飞寂寞，绿荫如幄[4]舞横斜。

怜他浪迹[5]同游子，每到春时惯别家。

知人论世

辛素霞（1821—1842），字咏仙，清代万载县人。吏部侍郎辛从益（1750—1828）之孙女，辛鹏云之女，宝应知县安福谢文奎之妻。自幼精通音律，卒年二十三岁。著有《随宦吟草》。

助学通道

[1] 柳絮：柳树的种子，上面有白色绒毛，随风飞散，叫作柳絮。

[2] 帘旌：帘端所缀之布帛，亦泛指帘幕。宋·陈与义《登岳阳楼（其一）》："帘旌不动夕阳迟。"

[3] 因风力：凭借风的力量。因：依靠，凭借。水涯：水边。

[4] 幄：本义指形如房屋的大帐幕，这里指帷帐，帘幕。

[5] 浪迹：到处漫游，行踪不定，足迹遍天下。

含英咀华

借景抒情、托物言志是中国文人惯用的艺术表现手法。自古以来，杨柳就以其婀娜多姿的风采深受人们的喜爱，它用柔婉修长的枝条，轻扬飘飞的柔絮，撩拨着诗人敏感的神经，搅动着他们丰富的情愫，引发了他们丰富的联想。所以杨柳就成了寄寓诗人情感意志的意象，从而有了丰富而又深刻的文化内涵。

首联状物，诗人抓住柳絮的特征来展开。柳絮"似花还似非花"，极为纤细、轻灵，无风时慢悠悠地落到地面，一遇上风，哪怕是和煦的微风，也会漫天飞舞起来。所以第一句重在写柳絮的形态，第二句就写柳絮在微风的驱动下在空中浮动，轻轻地悄无声息地飘过窗前。诗人凝望窗前随风飘散的柳絮，有些伤感。而多情的柳絮则带着几分激动，几分热烈，要扑向诗人的心怀。但无情的门帘却阻挡了它的行程，柳絮用纤小的身躯轻轻叩击着门窗，似乎想引起诗人的注意。最后，柳絮只能带着几分哀怨，几分无奈，几分留恋，向诗人作最后的告别。一个"扑"字，用得形象巧妙，将柳絮拟人化，是由描形到写神的关键，把柳絮的神韵描摹出来了。

颔联是写一阵大风吹来，柳絮随风飘散，写出了一种别时容易见时难的惆怅。"眼前一去因风力"，字面意思是一阵猛烈的风从窗前刮过，柳絮随风飘去。诗句中抒发了一种别离的无奈，相聚维艰的遗憾，以及对命运无法把握的无助感。"日后相逢定水涯"，是对别后相逢的想象与期盼。也就是说经此一别，他日在别的地方定能再次相见，也许会在池塘湖泊边，也可能是在小河边。

颈联写柳絮翻飞、柳枝飘摆的情态。"明月"点明时间已经是晚上，"绿荫"是指月光映照下柳树朦胧疏浅的影子。柳枝在风力的作用下摇动搅起了无数柳絮，柳絮在晚上静静地四散飘飞着。"明月无痕"点明轻柔纤小的柳絮在月光下几乎没有照出影子，似乎并没能引起人的注意。悄无声息地来，又淡淡地离去，来无影，去无踪。

尾联是点睛之笔，写游子别家之感。诗人由物及人，由飘飞的柳絮想到天下的游子，想到了自古以来天下游子共同的命运：他们辞妻别子、离乡背井、漂泊天涯、有家难守、思家难回。诗人在哀怜同情天下游子的同时，其实也在哀怨自己的命运。丈夫因外任、转任而辗转各地，诗人往往只能在家守望，因而诗中也流露出命运无法把握的哀伤与无奈。

整首诗结构严谨。前六句写景，以描写为主；后两句发表感想，以议论为主。写景层次清晰，先近景，再远景；先写现实中的情景，再写想象中的情景。写景紧扣柳絮的特征，不但描出了它的形态，而且写出了它的神韵。既写了日光下的景色，又写了月光下的景色。卒章显志，深化了主题。

穿越时空

柳　絮

洁白似绢纱轻柔像微尘，轻敲着帘幕又扑向窗纱。
风吹柳絮飞消失在眼前，他日定会在水涯再相见。
柳絮寂寞飞月下过无痕，绿荫如帘幕柳枝舞横斜。
可怜像游子浪迹在天涯，每到春来日又要离开家。

沙场点兵

1. 品味全诗，试概括其主旨。

2. "明月无痕飞寂寞"一句中的"寂寞"一词意蕴丰富，请谈谈你的理解。

3. 这首诗在艺术表现形式上最大的特色是什么？请结合诗中内容分析。

参考答案

1. 抒写诗人的离愁别绪和天下游子的漂泊无依之感。

2. "寂寞"一词渲染了环境的清净、柳絮的孤寂，以及诗人清冷落寞的心境。

3. 借景抒情，情景交融。结合诗中内容分析略。

（李富波）

42. 脉滩天柱峰[1]

刘显祖

脉滩，志载巨石一峰，壁立千仞[2]，插汉干云[3]，不可阶升[4]。土人猿捷者间一登陟[5]，俯瞰魂栗。实为铜鼓营水口文峰。旁有飞来石、夜合山、凌庵石室[6]诸胜。俗以"麦果"名山，"晒鞋"名石，"猪头"名峰，大为山灵减色。余庚午冬过其地，延伫远眺，笔笔奇峰，其秀拔处有荆关[7]写不到者，因更其名为"天柱峰"。而"夜合""飞来"，仍其故号。偶成一律，为山灵解嘲[8]。

一柱擎天入画图，亭亭壁立锁烟孤。[9]
脉滩浪洗岩根瘦，岫岭云笼石佛腴。[10]
峰自几年浑合璧，舄从何处化双凫。[11]
分明卓笔凌魁斗，拜丈还须米老呼。[12]

知人论世

刘显祖，生卒年不详，字颖宏，号宁拙，清代宁州州城凤山（今属修水县）人。久困诸生，雍正十年才中举，五次应考均未考中。于是筑室于凤山之麓，曰"万松书屋"。取廿二史人物褒贬进退，名《松下谈史》。又撰写诗集，名《松下吟》。

助学通道

[1] 脉滩：即脉中村所在地，今为大塅水库淹没。天柱峰：又名灵石，位于铜鼓县大塅镇大塅水库之畔，海拔359米，三面环水，雄伟挺拔，屹立于景区中央，是天柱峰景区内标志性景观，有"修江第一峰"之称。天柱峰的得名源于一个神话传说，相传八仙之一的张果老路过此地，不慎将随身携带的仙螺跌落草丛中。说来奇怪，仙螺坠地还俗，见风增高，日长一千，十日破

天。玉帝差雷公下凡征服，霹雳一声，灵石腹部被劈出一大窟窿，为现在的灵石庵，山峰也停止了长高，为现在的天柱峰。

[2] 壁立千仞：形容岩石高耸。古人以八尺为仞。

[3] 插汉：插入河汉（银河）。干（gān）云：高入云霄。形容山势高耸。

[4] 阶升：拾级攀登而上。

[5] 猿捷者：比猿猴还要灵活敏捷的人。间一：偶一、偶然。登陟（zhì）：登上。

[6] 凌庵石室：即坐落在天柱峰山腰岩洞中的灵石庵。

[7] 荆关：五代画家荆浩、关仝师徒以擅画山水齐名，所以并称"荆关"。

[8] 解嘲：受人嘲笑时自己找个理由辩解。

[9] 一柱擎天：擎：托起。一根柱子托住天。也比喻人能担当天下重任。亭亭：高耸貌。壁立：形容陡峭的山崖像墙壁一样耸立。

[10] 岩根：山麓。岫（xiù）岭：亦作岭岫，指山岭。唐代吕岩说《灵茅赋》："或结根于江汉之澳，或蓄苗于岭岫之中。"腴（yú）：胖。

[11] 合璧：两个半璧相合成圆。舄（xì）：鞋。凫（fú）：野鸭。

[12] 卓笔：直立的笔。凌：升，高出。魁斗：大斗。拜丈：指天柱峰石呈拜伏状，如见老者。丈，对长辈的尊称。

含英咀华

这首诗是诗人途经铜鼓，有感于天柱峰的雄伟壮丽景色而写下的。全诗纯写天柱峰的奇异景象。诗人立足于山前，对天柱峰的主要特征加以描绘，使人有身临其境之感。

开头四句为我们勾勒出一幅山水美景图。首联两句，先写天柱峰一岭独秀、挺拔雄奇、高峻伟丽。接着写山的险要，悬崖峭壁，山势孤耸壁立，被云烟雾霭所环绕笼罩。

　　颔联点明山所处地点：山麓临近水边。这里既写了岩石在水浪的冲刷下显得清瘦硬朗，又写了山岭上烟云雾霭缭绕其间，石佛在其间看起来显得肥胖丰腴。一下一上，一瘦一肥，运用拟人手法，显得形象真切，富有动感。北宋画家郭熙在《林泉高致》中对山和水的关系做出了这样的描述："山得水而活，故水得山而媚。"真可谓是山无水不奇，水无山不秀，山水互映，才相得益彰。

　　后面四句抓住天柱峰的主要特征来写。颈联"峰自"句表现了天柱峰顶浑圆的特征。峰呈圆状乃天公之作。诗人用反问形式，写天柱峰何时形成此圆璧形状，使读者印象深刻。"枭从"句借用《后汉书·方术传上·王乔》"双凫舄"的典故，将天柱峰的"飞来石""晒鞋石"之旧有俗称巧妙融入其中，为天柱峰蒙上了一层神秘奇异的色彩。

　　尾联"分明"句用形象的比喻来表现天柱峰凌空而起，其山势就像一枝直笔从大魁斗中升天而上。"拜丈"句将天柱峰的倾斜姿态，比作一位正在恭敬拜迎老者的人，写得形象生动。宋代大书画家米芾，是闻名古今的第一石痴，他举止癫狂，人称"米癫"，他玩石如醉如痴。宋人叶梦得《石林燕语》记载，米芾初入州廨，见奇石便"呼为兄弟"，见之三拜九叩，"米癫拜石"一直传为美谈。这里诗人将米芾拜石的典故融入诗中，显得极为贴切形象，且富有情趣。

　　此诗语言清雅自然，中间两联对仗工整，格律严整，极有韵味。诗歌不仅开篇点出"天柱"之名，而且多处运用拟人手法，如"岩根瘦""石佛腴""拜丈"等。全诗结构严谨。

穿越时空

脉滩天柱峰

　　据《方志》记载，脉中村所在地矗立着一座巨石，其峰高耸入云，直插银河，难以攀登。当地身手敏捷之人曾偶然登上峰顶，自其上俯瞰山下不禁神魂颤栗。此地实为铜鼓水口文峰之

地，旁边有飞来石、夜合山、灵石庵等观览胜景。当地人称之为"麦果山""晒鞋石""猪头峰"，山灵因无嘉名而大为逊色。我在庚午这一年的冬天经过此地，驻足眺望，只见处处奇峰突起，其秀丽峻拔之处尚有荆浩、关仝师徒所画不到者，因此我改其名为"天柱峰"，而"夜合""飞来"，则依照其旧称。诗思突发，占成一律，权且为山灵作一辩解。

> 一柱山峰托起天立在画图，山峰如同壁立云烟锁孤独，
> 脉滩巨浪冲刷山麓显清瘦，山岭云遮雾绕石佛更肥腴。
> 山顶何时天然浑合成圆璧，双兔何处飞来化作仙履浮。
> 分明一枝直笔升出大斗里，石呈拜状拜石还须叫米芾。

沙场点兵

1. 用简洁的语言概括诗前小序的主要内容。
2. 诗的尾联运用了什么表现手法？有什么作用？
3. 品读全诗，说说诗中表达了诗人什么样的思想感情。

参考答案

1. 简要介绍了天柱峰的地理位置、高险难登以及天柱峰名字的由来。

2. 诗的尾联运用宋代著名书画家米芾拜石的典故，与诗开头一柱擎天的画中美景相呼应，使整首诗浑然一体，妙不可言，生动形象地描画出天柱峰的奇异风姿。

3. 全诗洋溢着诗人对天柱峰自然造化、鬼斧神工之壮美景象的赞美、喜爱之情。

（李富波）

43. 西园晚霁[1]

李乔松

晚霁风光好，西园举步[2]忙。

新荷含宿雨[3]，疏柳挂斜阳。

竹影间[4]人影，花香染草香。

倚栏闲伫立，明日[5]上高墙。

知人论世

　　李乔松（1826—1847），女，字瀛洲。晚清上高县河南孝友坊人（今县城解放路中段）。自幼聪颖过人，能诗擅画，著有《和鸾集》，抒发鸾凤和鸣，离愁别恨。诗格清新，感情真挚，颇具文采，人称才女。19岁嫁宜丰举人卢联桂。21岁早逝。《和鸾集》由卢联桂的孙子卢荣光搜集整理，革命女杰秋瑾看后大加赞赏，说："吾国乡邑有此才女，女学尚未坠地也。"并题《沁园春》一阕，付之卷首，一并刊行。

助学通道

　　[1] 霁（jì）：雨后或雪后转晴。此指雨后转晴。

　　[2] 举步：迈步。

　　[3] 宿雨：夜雨，经夜的雨水。

　　[4] 间（jiàn）：夹杂，交杂。

　　[5] 日：此处应理解为"月"。

含英咀华

　　西园，是历代诗人吟咏之情有独钟的话题。宋代苏轼就直接以"西园"为题，借景抒情，赞美其家不独草木繁茂，其子孙亦已成林。女诗人李乔松以西园傍晚雨后转晴所见为切入点，融情

入景，借以委婉传达自己的思念之情，于闲适恬淡之中流露出自己的闺阁情怨。

首联直抒对西园风光的赞美之情，一个"好"字领起下面对西园景物的描写，西园风光好，引来无数游客前来游赏。

中间两联以荷、柳、竹、花、草入境，描绘了一幅清新的雨后晚景图。一"新"字写出了宿雨后荷叶的清新脱俗，一"含"字把荷叶人格化，绘出了荷叶逐次绽放而含情脉脉的美态；那撩人的杨柳稀稀疏疏，在夕阳里静静地垂着，怎不让人流连驻足呢！还有那竹影与人影的相随相伴，雨后清新的花草香味的融合，更让人物我两忘。

尾联诗人凭栏眺望，不知不觉已到了晚上，月亮已经升起，不禁勾起了诗人的思念之情，此等良辰美景不应只是一个人欣赏才是啊！我思念的人儿，如今又身在何方呢？

全诗融抒情、叙述、描写于一体，描绘了傍晚雨后西园的清新美丽的景色，融情于景，表达了诗人对西园雨后晚景的喜欢与赞美。又借景抒情，含蓄表达诗人对心上人儿的思念之情。

穿越时空

西园晚霁

傍晚雨后转晴风光无限，游人游赏西园脚步繁忙。
夜雨含情荷叶逐次绽放，稀疏杨柳挂着一轮斜阳。
摇曳的竹影追随着人影，醉人的花香混染着草香。
我悠闲地倚着栏杆远望，惹人相怜之月已上高墙。

沙场点兵

1. 全诗主要描写了哪些景物，描绘了一幅怎样的图画？
2. 赏析"新荷含宿雨，疏柳挂斜阳"。

参考答案

1. 全诗主要描写了荷、柳、竹、花、草，向我们展示了一幅清新的雨后晚景图。

2. 这两句诗，一"新"字写出了宿雨后荷叶的清新脱俗，一"含"字把荷叶人格化，绘出了荷叶逐次绽放而含情脉脉的美态；那撩人的杨柳稀稀疏疏，在夕阳里静静地垂着，怎不让人流连驻足呢！

（张　蓉）

44. 莲池曲

白　采

相思折莲根，相怜采莲子。

相怜复相思，那识莲心苦。[1]

知人论世

　　白采（1894—1926），原姓童，名汉章，字国华。因不屑让人知其行踪，更姓改名为白采。清光绪二十年（1894）正月十七日出生于高安市茜塘深港童家村。白采天资优异，少年时即能诗善画。1918年秋到1922年春，在高安倡办同学会，并于高安进修书院开办图书室。其间，还在高安县女子学校担任教职。1923年底，毕业于上海美术专科学校，曾留住上海音乐会、东方艺术专门学校，还兼任过报馆的编辑。1925年秋，执教于上海江湾立达学园。1926年2月，赴厦门集美学校农林部之聘。8月27日病逝于轮船上，时年32岁。先后在《创造周报》《小说月报》《文学周报》《妇女杂志》等报刊上发表小说14篇。1924年，《白采的小说第一集》由中华书局出版。1923年，白采创作了一首6 000言的长诗《赢集者的爱》。白采的遗著有两种：《绝俗楼我辈语》，共4卷，1927年由上海开明书店出版。《绝俗楼诗》，1935年由拙学斋刊于南昌，收旧体诗525首，词46首。

助学通道

　　[1] 相：副词。表示此方发出动作行为及于彼方，具有指代性质，可指代第一、二、三人称，也可泛指。此指代第二人称，相当于"你"。那：旧同"哪（nǎ）"。

莲
池
曲

这是一首爱情诗，诗人用谐音相关来表达自己对意中人的情意，表达相思之苦。

谐音相关是诗歌常用的一种表现手法，南朝乐府民歌尤其喜欢用这种手法来喻指爱情。如《读曲歌》里的一首："种莲长江边，藕生黄蘗浦。必得莲子时，流离经辛苦。"就是借有关莲藕的双关隐语（"莲"谐音"怜"，爱的意思；"藕"谐音"偶"，成双配对的意思）来表示爱情的获得需经过曲折辛苦的磨炼。

诗歌前两句直接表白他对心上人的思念之深：思念你的时候恨不能折断莲藕的根，越想折断却越是折不断，想要怜爱你，于是去采摘莲子，借摘莲子来抒发自己想要爱你的情意。

接下来的两句诗，主人公直言相思之苦：越是深爱就越是想念，越是想念越是无法排解，有谁能知道我爱你有多深，想念有多苦！

全诗在表达主人公情感时，选用了"折莲根""采莲子"两个细节描写，来表达自己对意中人的爱之深。四个"相"字反复出现，透出主人公对意中人的情之切。"相思""相怜"二词在前三句中以反复出现，增强了语言的节奏感，朗朗上口。整首诗意义连贯，层层递进，由根而子而心，想念之情跃然纸上。

莲池曲

想念你时想得把莲根断，怜爱你时只好去摘莲子。

越是怜爱你越发想念你，你哪知我内心想你之苦。

1. 全诗用了四个"相"字，有何妙处？
2. 本诗主要使用了哪种表现手法，表达了诗人怎样的情感？

　　1. 四个"相"字反复出现，透出主人公对意中人的深爱。"相思""相怜"二词在前三句中以钩句出现，增强了语言的节奏感，朗朗上口。

　　2. 本诗运用谐音双关，"莲"谐音"怜"，爱的意思；通过"折莲根""采莲子"两个细节描写，表达了主人公对意中人的爱之深、思之切。

（张　蓉）

词

Ci

45. 浣溪沙·妙高[1]墨梅

惠 洪

日暮江空船自流,谁家院落近沧洲[2]?一枝闲暇[3]出墙头。
数朵幽香和月暗,十分归意为春留。风撩[4]片片是闲愁。

知人论世

惠洪(1071—1128),俗姓彭(一作姓喻),一名德洪,字觉范。筠州新昌(今江西宜丰县桥西乡潜头竹山里)人。宋代著名诗僧。自幼家贫,14岁父母双亡,入寺为沙弥,19岁入京师,于天王寺剃度为僧。时领度牒较难,乃冒用惠洪度牒,遂以惠洪为己名。后南归庐山,依归宗寺真静禅师,又随之迁靖安宝峰寺。惠洪一生多遭不幸,因冒用惠洪名和结交党人,两度入狱。曾被发配海南岛,直到政和三年(1113)才获释回籍。惠洪精通佛学,长于诗文,著述颇丰,尤以《冷斋夜话》最著名。成语"满城风雨""脱胎换骨""大笑喷饭""痴人说梦"等典故均出于此书中。

助学通道

[1] 妙高:宋朝人,失其姓。善画梅。
[2] 沧洲:水滨。
[3] 闲暇:借代梅花。
[4] 撩:即掀起、招惹之意。

含英咀华

诗画相通,体现了中国的文化传统。这首小令即题画之词。作词者惠洪与作画者妙高,同为方外僧人,结下翰墨姻缘。这首小令咏画赞人,借赞美梅之高标,惋惜梅之奇志,是以梅自况。

上片描写画面所绘之景，观察由远而近，由粗而细，从次要到主要，从背景到中心，渲染环境，烘托梅花。

起首两句，"日暮江空船自流"，句中的"日""江""船"，都是画中所绘之物形；而"暮""空""自流"，则是题画人捕捉画意时的审美感受。"暮"则天色阴沉黯淡，"空"则江面寂寥空阔，"自流"则为任其漂流、听其所之的动态。这是先写陪衬之物，是导出梅花的前奏。通过所绘物形，表现出清幽寂寥之境。这是为了衬托梅花"闲暇"品格，与之保持和谐一致的审美需要。

"谁家院落近沧洲"则是题画者的想象之辞。"谁家"问得情不自禁，本意不在于问清主人，而在于赞美环境。所赞之"近"，其实意味着不居闹市而僻处郊野，和上句一样，在于赞美其清幽宁静。

"一枝闲暇出墙头"，这才是画面的中心、审美的焦点。叶绍翁《游园不值》"春色满园关不住，一枝红杏出墙来"，词句从此化出。"闲暇"，借代梅花，奇语出新，极力突出梅花安详静美的神韵，显示其高标出尘、雅韵脱俗的风致，同时还可造成"千呼万唤始出来，犹抱琵琶半遮面"的审美情趣。

下片集中抒写梅花之神，突出主旨。

"数朵"指花并不多；"幽香"指仿佛花还精神，清芳的香气不减，寓有节操如故之想。"和月暗"，花的颜色暗淡，连月色也不明朗，暗示氛围还是暗沉沉的。看来画上之梅不但盛开，且已零落，因而流露无限惋惜之情。"十分归意"，言其无可挽留，却"为春留"，足见梅花有意，惜春情深。"风撩片片是闲愁"中的"撩"即掀起、招惹之意。风也无情，直吹得片片花落，愿为保留春光而献身的美好理想终于成了泡影。正如词人自己有志难酬，有抱负而不能见容于当时。"闲愁"，结出全篇主旨，睹画兴悲，感同身受，有如豹尾劲挺，惹人注目。

画品、诗品皆人品。乍看此词，无非赞美画笔之妙，画品之高，其实另有隐衷。惠洪虽是僧人，但也经历了政治上的风云变幻。他曾和当时的官僚张商英、郭天信有往来。后因张、郭得罪受牵连，他也被决配朱崖。从其坎坷经历来看这首小令，不难领会其意旨，借赞美梅之高标，惋惜梅之奇志，是以梅自况而已。

穿越时空

浣溪沙·妙高墨梅

天色阴沉黯淡，江面寂寥空阔，船儿任自漂流。谁家院落僻处郊野，靠近水流。一枝梅花安详静美，探出墙头。

月色昏昏，数朵梅花暗送清幽。梅花本有十分归意，却愿为春而留。怎奈被风吹得片片花落，片片是闲愁。

沙场点兵

1. 用自己的话描绘"日暮江空船自流"画面。

2. "一枝闲暇出墙头"这句诗与叶绍翁《游园不值》中哪句诗有相同的审美情趣？

3. 此词作者抒发了怎样的感情？

参考答案

1. 示例：天色阴沉黯淡，江面寂寥空阔，船儿任自漂流。

2. 一枝红杏出墙来。

3. 作者赞美梅之高标，惋惜梅之奇志，是以梅自况。借咏梅抒发自己的高标出尘、雅韵脱俗的情志和自己壮志难酬、有抱负却不能见容于当时的悲愁。

（陈小玉）

46. 清平乐

刘 敞

小山丛桂[1]，最有留人意。拂叶攀花无限思。雨湿浓香满袂[2]。别来过了秋光。翠帘昨夜新霜。多少月宫闲地，姮娥与借微芳。[3]

知人论世

刘敞（1019—1068），北宋史学家、经学家、散文家。字原父，世称公是先生，新喻（今江西新余）人，今属樟树市。庆历六年（1046）进士。其弟刘攽，字贡父，与敞同登科，尤长于史学，曾助司马光撰《资治通鉴》。刘敞以大理评事通判蔡州，后官至集贤院学士。与梅尧臣、欧阳修交往较多。为人耿直，立朝敢言，为政有绩，出使有功。刘敞学识渊博，欧阳修说他"自六经百氏古今传记，下至天文、地理、卜医、数术、浮屠、老庄之说，无所不通；其为文章尤敏赡"，与弟刘攽合称为北宋二刘，著有《公是集》。他的文章颇有见解，例如《题魏太祖纪》说汉高帝哭项羽，魏武帝祭袁绍，都不是"匿怨矫情"，而是"慷慨英雄之风"；策问《孟轲教齐梁之君》说孟轲讥别人"言利"，而自己却讲"好货不害"，是"讥人甚详而自任太略"。这都是不同寻常的看法。此外，刘敞还有《疑礼》一文，说"今之礼，非醇经也"，乃"圣人之徒合百说而杂编之"。这也不是一般儒生的见解。关于文风，刘敞重实用而反虚浮。他的《杂说》写道："今日之俗不矜节义而皆安于富贵，尚文章，文章济理者寡而为名者重"，他认为这是"将来之弊"。刘敞的文章比较质朴，自然流畅，近于韩（愈）、欧（阳修）。

助学通道

[1] 小山丛桂：淮南王刘安之门客有号小山者，撰有《招隐

士》辞一篇。中有"攀援桂枝兮聊淹留""王孙兮归来，山中兮不可久留"诸语，劝告所招的隐士（王孙）归来。

[2] 袂（mèi）：袖子。

[3] 闲地：《金芳备祖》作"闲色"，《广群芳谱》作"颜色"。姮娥：嫦娥。与借：借与，即"让与"之意。

含英咀华

这首《清平乐》是作词者刘敞写桂花，且借景抒情，情景相融，浮想联翩，由桂花引起许多感触。

词的上片写山中的桂花。

西汉淮南王刘安的门客淮南小山，撰有《招隐士》辞一篇，其内容是陈说山中的艰苦险恶，劝告所招的隐士（王孙）归来，《招隐士》中有"攀援桂枝兮聊淹留""王孙兮归来，山中兮不可久留"诸语，此词上片"小山丛桂，最有留人意"，引用小山语辞，但是反其招隐之意，"小山丛桂，最有留人意"，运用拟人手法，"小山上丛生的桂树，似乎最有挽留客人的情意"，从桂树留人，足见人对此山此树的不舍，表达了对山中的留恋。

"拂叶攀花无限思"，因拂弄花枝花叶而有了无限的情思，无限的不舍和留恋，"雨湿浓香满袂"，雨打湿了桂树、桂花，也打湿了拂花攀叶的弄花人，却留得了浓香满袂满身，雨有多湿，香就有多浓，人对桂树、对桂花的情就有多深！对此山的留恋和不舍就有多长！

词的下片写天上的月宫仙桂。

下片"别来过了秋光"，从人间说到天上，目光告别人间。"翠帘昨夜新霜"，秋色中，月中仙桂如翠绿的帘幕昨夜添了一层新霜，"多少月宫闲地，姮娥与借微芳"，月宫仙桂有多少芬芳美丽啊，连嫦娥都要借与些微的芬芳。意谓月宫仙桂，连嫦娥都很欣赏，那么人呢？月宫令凡人更添向往之情，词人的思绪更是想远离人间一切烦恼，摆脱人间一切束缚，飞向月宫，飞向那清静、空灵、纯净的月宫，去享受那人间所没有的一切美好，由桂花而引出偌多出尘之想。

全词抒写词人因桂花引出的感触，反映了词人丰富的内心世界，由桂花而引出偌多出尘之想，可谓格调高拔。

穿越时空

清平乐

小山上丛生的桂树啊，最有挽留客人的情意，拂弄花枝花叶带着无限的情思，雨打湿了桂花，让人浓香满袂。

别过人间，秋色中，月中仙桂如翠帘新霜。月宫仙桂有多少芬芳美丽，连嫦娥都要借与些微的芬芳。

沙场点兵

1. 上片引用"小山丛桂"有何作用？

2. 词的上片和下片分别写到哪里的桂花？

3. 关于桂花，作者刘敞引出许多出尘之想，试写出含有"桂"字的诗句。

参考答案

1. 上片引用小山辞，反用其意，表示对山中的留恋。

2. 上片写人间的桂花，下片写天上的月宫仙桂。

3. 示例：人闲桂花落，夜静春山空。
　　　　昨夜星辰昨夜风，画楼西畔桂堂东。

（陈小玉）

47. 画堂春·正月十六日夜宴幕属因赋

龚 端

云残鳷鹊[1]有无间，烧灯为破春寒。琉璃影里转春盘，十二阑干。[2]

翠袖满扶春冻悭，玉梅斜倚香鬟。旋载歌曲教新番[3]，且莫留残。

知人论世

龚端，字德庄，新昌（今江西宜丰）人，乾隆《新昌县志》卷十四有传。传称端为宋哲宗元符三年（1100）进士。官自户曹至立朝，未尝随世俯仰；钦宗靖康元年（1126），除将作监，旋“为何东路奉使参议官，未几，京畿解严，端忧恚成疾，请老，不允，及闻两宫北狩，愤惋而卒”。

助学通道

［1］鳷鹊：汉朝皇家楼观名，词中指的是宋朝宫殿。

［2］春盘：立春风俗，立春日做“春饼”，夹生菜，统称“春盘”。十二阑干：指曲曲折折的栏杆，十二，言其曲折之多。

［3］悭：孔凡礼按：“悭”原无，据律补。“旋载”句：即教唱新翻之歌曲。番：通“翻”，翻唱。

含英咀华

元宵佳节猜灯谜，人人皆知，而正月十六逛庙会，设宴会友亦是旧时风俗，词人正月十六夜宴幕属，于热闹喜庆氛围中独生几分幽怨感慨，故赋此词。

词的上片“云残鳷鹊有无间”开篇，表面感慨汉代皇家楼观鳷鹊在残云掩映下若隐若现，实指大宋江山已摇摇欲坠，为整首诗笼上一层压抑难言的幽愤。春寒料峭，点起琉璃灯想驱赶一丝寒意，透过琉璃灯影，隐约看见宾客们推杯送盏，转动春盘喜迎立春日的到来，几分醉态已然显现，屋外栏杆曲折若隐若现，恍惚中已见大宋朝廷的迷离飘摇。

词下片紧承上片宴饮，着力描绘宴席间歌女们的载歌载舞。"翠袖"两句，写尽歌女们婀娜妖娆的体态与舞姿，大宋江山摇摇欲坠，而这与歌女却毫不相干，"旋载歌曲教新番，且莫留残"两句中，歌女们正兴致勃勃地翻唱新曲，以博主人一笑，岂料乐曲可翻唱，江河易逝，朝廷不可重建，江山不可重得，这其中悲愤，岂是一新翻乐曲能宽慰解脱的？此两句与杜牧"商女不知亡国恨，隔江犹唱后庭花"确有异曲同工之妙。

通观全词，我们能感受到一位身处乱世赤子的忧患愤惋，抑郁无奈。词风沉郁，让人读来亦难平痛惜之心。

穿越时空

画堂春·正月十六日夜宴幕属因赋

残云掩映，宫殿有无，宴饮幕属，琉璃灯影转春盘。
婀娜歌妓，翠袖香鬟，载歌载舞，乱世纷争叹靖康。

沙场点兵

1. 品味全词，说说词中流露了词人怎样的思想感情。

2. 词中"翠袖满扶春冻□，玉梅斜倚香鬟"两句中，前句□内原无"悭"字，后人据词律补充，请你根据对词的理解，运用所学的词律知识，另补一词，并说说理由。

参考答案

1. 对大宋江山摇摇欲坠的忧愤和对国破人亡之乱世的忧患无奈之情。

2. 略。

（涂　君）

48. 八声甘州·中秋前数夕，久雨方晴

向子諲

恨[1]中秋，多雨及晴景，追赏且探先。纵玉钩初上，冰轮未正，无奈婵娟。[2]饮客不来自酌，对影亦清妍。任笑芗林老[3]，雪鬓霜髯。

好在章江西畔，有凌云玉笥，空翠相连，懒崎岖林麓，则窈窕溪边。[4]自断此生休问，愿瓮中，长有酒如泉。人间是，更难得似，月下樽前。

知人论世

向子諲（yīn）（1085—1152），字伯慕，号芗林居士，临江（今江西樟树市）人，哲宗元符三年（1100）以荫补官。徽宗宣和年间，累官京畿转运副使兼发运副使，高宗建炎处任迁江淮发运使。素与李纲善，李纲罢相，子諲也落职。起知潭州，次年金兵围潭州，子諲率军民坚守八日。绍兴中，累官户部侍郎。知平江府，因反对秦桧议和，落职居临江，有《酒边词》。

助学通道

[1] 恨：遗憾。

[2] "纵玉钩"三句：谓月未圆。玉钩，冰轮，婵娟，皆喻月。

[3] 芗林老：词人的自嘲，词人号芗林居士。

[4] 章江：即章水，赣江之西源，在今江西西南部。玉笥：山名，道家称为仙居之所。窈窕：深邃的样子。

含英咀华

向子諲是宋代卓有成就的江西词人，其词以南渡为界，前期

风格绮丽，南渡后多伤时忧国之作，《八声甘州》是其南渡的作品，于清逸洒脱中暗含几分无奈与悲苦。

词的上片以一"恨"字落笔见旨，中秋将至，却多雨未晴，多雨之无奈，赏月之渴切，油然而生。终盼到晴日，词人以"玉钩""冰轮""婵娟"喻月，突显月之形，更以"饮客"后四句，写尽赏月之心境：有几分孤寂，还有几分自我解嘲。"任笑"一词更是将词人月下自饮自酌，独与月影推杯送盏的放浪形骸之态刻画得淋漓尽致。

词的下片侧重写自己日常生活情境，章江西畔的玉笥山，有凌云之势，又有茂林修竹，词人却懒于攀登，只钟情于江畔深邃邈远的溪边徘徊，疏于探问世间纷扰。时事变迁，只愿如此时中秋前夕长有如泉美酒，于月下樽前畅饮，聊以度过余生。朝代的更迭，人生的不得意，早已使词人心灰意冷，全词在无奈与伤感之中绾结，读罢不禁让人感慨万千。

穿越时空

八声甘州·中秋前数夕，久雨方晴

多少遗憾，久雨未晴，怎得赏月？终盼晴日，无奈独赏如钩冷月。对月独饮任人笑我雪鬓霜髯。

章江西畔，凌云玉笥，竟懒于攀爬。独于溪边，月下樽前，常以酒相伴。

沙场点兵

1. 词中用"玉钩""冰轮""婵娟"三词隐喻月亮，你还知道哪些词语可以形容月亮？请查找资料，整理出来，与大家分享。

2. 词的下片"自断此生休问"六句，写尽词人看破尘世，借酒解愁，聊度余生的落魄不得志的形象，你是否同意词人这种人生态度？请结合你的经历说说你的观点。

1. 嫦娥，玉兔，银盘，广寒，水晕，玉盘，玉镜，玉蟾，蟾宫，望舒。

2. 词人因伤时忧国而发出"自断此生休问"的无奈感慨。作为新时代的我们，应与时俱进，以积极乐观的心态面对人生的坎坷，应与国家民族患难与共，以饱满的热忱面对祖国的风雨。

（涂　君）

49. 醉花阴

杨无咎

淋漓尽日黄梅雨，断送春光暮。目断向高楼，持酒停歌，无
计留春住。

扑人飞絮浑无数，总是添愁绪。回首问春风，争得[1]春愁，
也解随春去。

知人论世

杨无咎（1097—1171），字补之，杨一作扬，一说名补之，
字无咎。自号逃禅老人、清夷长者、紫阳居士。临江清江（今江
西樟树市）人，寓居洪州南昌。绘画尤擅墨梅。水墨人物画师法
李公麟。书学欧阳询，笔势劲利。今存《逃禅词》一卷，词多题
画之作，风格婉丽。生平事迹见《宋史翼》卷三六。

助学通道

[1] 争得：怎得。

含英咀华

下了整整一天的黄梅雨，把春天最后的美好景色也给断送
了。目光望向高楼，拿着酒杯喝酒停止歌唱，也无法把春天留
住。无数的飞絮向人扑面而来，看见此景也总是增添了人的愁苦
思绪。回头问问春风，怎得春愁，让这份愁也能随着春天的逝去
而离开。

全词多次出现"春"字，显然写于春季，然而却并没有写到
春天生机以及喜悦的心情，反而是愁绪不断。这是为何呢？"无
计留春住"点出了作者愁绪的缘由，抒发了作者惜春的愁绪。

醉花阴

整天都在下黄梅雨，断送了春天美好春光。把目光投向高楼处，拿着酒杯停止歌唱，没办法把春天留住。

无数飞絮扑面而来，总会增添一份愁绪。回过头去问问春风，怎得让人产生春愁，也随着春天而离开。

沙场点兵

1. 品读全词，你最喜欢哪句？试说说你喜欢的理由。

2. 古代文人写下了不少关于春景的千古佳句，请写下。（不少于两句）

参考答案

1. 最喜欢前两句"淋漓尽日黄梅雨，断送春光暮"。通过写"黄梅雨""春光暮"的景色，渲染了一种凄凉氛围，衬托了词人愁苦的心情。（写其他句子，言之有理即可）

2.（1）不知细叶谁裁出，二月春风似剪刀。

（2）春眠不觉晓，处处闻啼鸟。

（谢阿兰）

50. 六州歌头·渊明祠[1]

袁去华

柴桑高隐，邱壑岁寒姿。北窗下，羲皇上，古人期[2]，俗人疑。束带真难事，赋归去[3]，吾庐好，斜川路，携筇杖，看云飞。[4]六翮冥冥高举[5]，青霄外、矰缴[6]何施。且流行坎止[7]，人世任相违。采菊东篱[8]。

正悠然、见南山处，无穷景，与心会，有谁知。琴中趣，杯中物，醉中诗，可忘机。一笑骑鲸[9]去，向千载，赏音稀。嗟倦翼，瞻遗像，是吾师。门外空余袁柳[10]，摇疏翠、斜日辉辉。遣行人到此，感叹不胜悲。物是人非。

知人论世

袁去华，字宣卿，江西奉新（一作豫章）人。生卒年均不详，约宋高宗绍兴末前后在世。绍兴十五年（1145）进士。改官知石首县而卒。善为歌词，尝为张孝祥所称。去华著有《适斋类稿》八卷，词一卷，著有《适斋类稿》《袁宣卿词》《文献通考》传于世。存词90余首。

助学通道

[1] 渊明祠：在柴桑。柴桑在江西九江西南，为陶渊明家乡。

[2] 北窗下，羲皇上，古人期："常言五月六月中，北窗下卧，遇凉风暂至，自谓是羲皇上人。"见晋·陶渊明《与子俨等疏》。羲黄，即羲皇，谓伏羲氏。

[3] 束带真难事，赋归去："岁终，会郡遣督邮至县。吏请之，曰：'应束带见之。'渊明叹曰：'我岂能为五斗米折腰向乡里小儿！'即日解绶去职，赋《归去来》。"见南朝梁·萧统《陶

渊明传》。

[4] 携筇杖，看云飞："乃瞻衡宇，载欣载奔。……三劲就荒，松菊犹存。……策扶老以流憩，时矫首而遐观。云无心以出岫，鸟倦飞而知还。"见陶渊明《归去来兮辞》。

[5] 说翮冥冥高举："奋其六翮而凌清风，飘摇乎高翔。"见《战国策·楚策》。六翮，健羽。

[6] 矰缴：猎取飞鸟的射具。

[7] 流行坎止："乘流则逝，得坎则止。"见汉·贾谊《鵩鸟赋》。

[8] 采菊东篱："采菊东篱下，悠然见南山。"见晋·陶渊明《饮酒》其二。

[9] 骑鲸：谓隐遁游仙。"乘巨鳞，骑京鱼。"见汉·扬雄《羽猎赋》。唐·李白自署"海上骑鲸客"。

[10] 衰柳：陶渊明宅边有五柳，自号五柳先生。

含英咀华

"六州歌头"是词牌名，"渊明祠"是题目。全词分为上下两阕，上阕主要介绍了渊明祠所在的地方，想到陶渊明"不为五斗米折腰"的高尚品质，以及他"人世任相违"之后所选择的隐居行为，并有着"采菊东篱下"的闲适生活。下阕写到了"悠然见南山"所看见的美景，让人心旷神怡。正如诗中所云，"琴中趣，杯中物，醉中诗，可忘机"让人陶醉其中。"嗟倦翼，瞻遗像，是吾师"，作者却笔锋一转，这么美好的景色，主人却已经不在人世了。当年房前的柳树也变为了衰柳，"遗像""空余衰柳"让作者无限感叹物是人非，悲凉之感油然而生。

穿越时空

六州歌头·渊明祠

柴桑是一个高隐之处，丘壑每年是寒冷风姿。北窗下卧，遇凉风暂至，自谓是羲皇上人，平常人很是怀疑。让陶渊明束带是一件难事，作《归去来兮辞》，还是我的茅庐好，倾斜宽广的道路，拿着拐杖，看云展云舒。奋其六翮而凌清风，飘摇乎高翔，青霄之外，怎么使用射具猎取飞鸟。况且乘流则逝，得坎则止，人世间的事情总是事与愿违。然后去采菊东篱下。

悠然见南山，看见无穷的美景，与心相会，又有谁知道呢。在琴声中获得趣味，酒杯中获得酒水，在喝醉之时作诗，可以忘却一切。微微一笑骑着鲸离开，面向千载，欣赏着音乐。羽翼飞累了，眼前看见的只有一幅遗像，那是我的老师。房门外只余下几棵衰柳，摇曳着稀疏的叶子，夕阳西下，行人走到这里，都会不由得感叹悲伤，这里已经是物是人非了。

沙场点兵

1. 读完这首词，你觉得这首词的题目好在哪里？
2. 整首词你最喜欢哪句？请说说理由。

参考答案

1. "渊明祠"是这首词的真正题目，点明了作者要写的内容围绕着陶渊明这个人物而写，从而引出陶渊明的思想，引出对陶渊明的赞美与怀念，以及看见渊明祠时的物是人非之感。

2. 最喜欢"遣行人到此，感叹不胜悲。物是人非。"这句直接点明作者的思想，表达出作者对物是人非的忧伤。（其他言之有理即可）

（谢阿兰）

51. 金人捧露盘·钱塘怀古

湿苔青，妖血碧，坏垣[1]红。怕精灵、来往相逢。荒烟瓦砾，宝钗零乱隐鸾龙。吴峰越巇，翠颦锁、苦为谁容。

浮屠换、昭阳殿，僧磬改、景阳钟。兴亡事、泪老金铜。骊山废尽，更无宫女说元宗。角声起，海涛落，满眼秋风。

知人论世

罗志仁，生卒年不详，字寿可，号秋壶，清江徐州人。少年时受到同乡诗翁萧则的赏识，咸淳九年（1273）预乡荐，明年上春官。时国事倥偬，无意仕途，乃纵游名山大川以归。后因写诗讥讽留梦炎，赞颂文天祥，留梦炎欲罗织罪名加害于他，幸得逃免。元至元间，曾为天长书院山长。罗志仁博学多闻，当时即以词名，刘辰翁曾说"罗秋壶小词，他人莫及也"。可惜其集不传，仅《名儒草堂诗余》存词七首。

助学通道

[1] 垣（yuán），多义词，可作动词、名词等。最普遍的释义为矮墙。

含英咀华

罗志仁的诗，内容多以杭州西湖为背景，抒发亡宋遗民之恨，当时的杭州已是故国的象征，记忆的痛点，整首词都是满腔悲愤之情，字字句句仿佛随凭吊之沉重步履从"荒烟瓦砾"中拾掇而来，情感哀伤，笔势却苍劲拙重，尤其首韵与结韵，具有推击人心的力量，不是亲历沧桑的人，断写不出这样的词篇。正如"君王曾惜如花面，往事多恩怨。霓裳和泪换袈裟，又送鸾舆北去听琵琶"表现了亡国的伤痛。

穿越时空

金人捧露盘·钱塘怀古

沾湿的青苔，妖艳的血碧，损坏的垣红。害怕精灵，来往相逢，荒废的瓦砾，宝钗零乱地隐藏在鸾龙座位边。吴越山峰，青翠的紧锁容颜，像是在为谁动容呢？

换掉了浮屠，昭阳殿，僧磬殿、景阳钟，国家兴亡的事，金铜在流泪。骊山荒废殆尽，更加没有宫女诉说元宗的事迹。海水汹涌月亮落下，号角声响起，满眼都是凄凉的秋风。

沙场点兵

1. 整首词是一首怀古词，全词哪些事物能表现出物是人非？
2. 你最喜欢词中的哪句？请说说理由。

参考答案

1. 表现出物是人非的："浮屠换、昭阳殿，僧磬改、景阳钟""骊山废尽"。

2. 最喜欢"荒烟瓦砾，宝钗零乱隐鸾龙"。让人仿佛随凭吊的沉重步履拾掇而来，情感哀伤，笔势却苍劲拙重，给人以哀伤之感。（言之有理即可）

（谢阿兰）

52. 水调歌头·寿衡守[1]季国正

舒邦佐

问讯金华伯[2]，自是地行仙[3]，只为朱轮画戟，句引到湘川。用个狎鸥[4]心地[5]，做就烹鲜[6]时政，民化我何言。但贵衡阳纸，纸落尽云烟。

对湖天，梅索笑，月还圆。旧时岳生申甫[7]，重到是前缘。快洗瑶觥一醉，唤个鹤仙起舞，骑取上花砖。春秋更多少，庄木[8]八千年。

知人论世

舒邦佐（1137—1214），字辅国，一字平叔，号双峰，靖安县城（今属江西）人，南宋官吏，学者。靖安舒氏第四世祖。宋淳熙八年（1181）中进士，初授鄂州蒲圻，改潭州善化主簿，迁衡州录事参军，嘉泰二年（1202）授通直郎，嘉定七年（1214）卒，享年78岁。舒邦佐在《双峰堂记》提出过"退为进基。静为动主"的见解，被当时理学家朱熹所赞赏。他著有《双峰猥稿》，为文绚丽精湛。当时文人李恭甫说他的文章"有横放者，有缜密者，有精巧者"。

助学通道

［1］衡守：衡阳知州。

［2］金华伯：指居住金华石室的仙人黄初平。

［3］地行仙：指一种长寿的神仙，后用来比喻高寿或隐逸闲适的人。《楞严经》卷八中记载："人不及处有十种仙：阿难，彼诸纵生，坚固服饵，而不休息，食道圆成，各地行仙……"

［4］狎（xiá）鸥：指隐逸。《列子·黄帝》："海上之人有好鸥鸟者，每旦之海上，从鸥鸟游，鸥鸟之至者百住而不止。"

［5］心地：指心，即思想，意念等。

［6］烹鲜：语本《老子》："治大国若烹小鲜。"言烹小鱼不事割鳞剖腹，意在简便，后以此比喻治国便民。

［7］岳生甲甫：语本《诗经·大雅·崧高》："崧高维岳，骏极于天，维岳降神，生甫及申。"言岳山高大，降其神灵和气，以生甫侯申伯。此泛指山之高大而有神灵。

［8］庄木：即庄椿。此指长寿。

含英咀华

舒邦佐一生为官清廉，充满浩然之气，他在《双峰堂记》提出过"退为进基，静为动主"的见解，为当时的理学家朱熹所赞赏，当时的文人李恭甫说他的文章"有横放者，有缜密者，有精巧者"。

祝寿之举并非始于宋，但宋代寿词创作之盛、作家之众、作品之多是过去任何一个朝代难以超越的，这些词不少反映了当时人们对生命的看法和态度。这首词的上片歌颂朋友一生的功业事迹。先叙述季国正因为战争来到衡阳做官，"只为朱轮画戟，句引到湘川"，用"狎鸥心地"平常心治理百姓，在当地做出一番政绩，但朋友并不以此自傲，心情平静，"纸落尽云烟"。下片借鹤来表达高洁傲岸的情趣，"唤个鹤仙起舞"，做个神仙，逍遥自在。朋友一心为民，心无所图，但他绝不消极避世，必能"庄木八千年"。纵观整首词，作者对朋友一生的功业事迹和德行才识歌功颂德，但同时表现出一种豁达、不慕名利、悠闲自在的态度，更是一种对生命价值的追求。

穿越时空

水调歌头·寿衡守季国正

询问金华伯，他说本是地上的神仙，只因为国出力，来到湘川之地，用隐逸淡泊之心治理时政。只要民风开化，我无须多

言。即使是衡阳一时纸贵，歌颂功绩，但一切都会烟消云散。

面对湖天一色，梅花含笑，月色皎洁之景，感觉这里都是以前山川神灵居住之所，我重到此处那是前生定下的缘分。到瑶池一醉方休，叫来白鹤起舞，在梅花丛中骑马观花，这样惬意逍遥，寿命将会有八千年长寿。

沙场点兵

1. 诗中"用个狎鸥心地，做就烹鲜时政"表达了作者怎样的思想感情？

2. 你喜欢词中哪句？谈谈你的理由。

参考答案

1. 抓住作者不慕名利，一心为民来作答。

2. 略。

（胡小英）

53. 行香子·寿邓宰母二月初五

傅大询

玉佩簪缨[1]。罗袜生尘[2]。问何时，来到湘滨，尧蓂五叶[3]，二月阳春。一霎时风，一霎时雨，一霎时晴。

有子鸣琴[4]。有路登瀛[5]。戏斑衣[6]，温酒重斟。蟠桃难老，相伴长生。一千年花，一千年果，一千年人。

知人论世

傅大询，字公谋，宋朝分宜（今属江西宜春）人，分宜有铃冈，因以自号，与许及之［孝宗淳熙十年（1183）知分宜县］同时，主要作品为《谢傅公谋贺雪》。

助学通道

[1] 簪（zān）：指男女用来绾住发髻或把帽子别在头发上的一种针形首饰。缨（yīng）：系在颏下的帽带。

[2] 罗袜生尘：出自东汉·曹植的《洛神赋》："凌波微步，罗袜生尘。"袜是末的谐音字，解释为罗裙的末端，美丽女子穿的罗裙末端因为这轻盈的步伐微微泛起了尘埃。现指轻盈的步伐。

[3] 尧蓂（míng）：瑞草，每月朔生一荚。这里指朋友的母亲。五叶，指初五。

[4] 鸣琴：琴堂为县令之代称。

[5] 瀛（yíng）：登上瀛洲，犹成仙。明·郑若庸《玉玦记·祝寿》："拼酩酊，算此乐人间，不减登瀛。"

[6] 斑衣：彩衣，亦指服彩衣。

祝寿之词，风格多样，其主旨不外乎夸赞其平生有为，祝福其长寿、安康之类，多堆砌些"延年益寿、富贵荣华"等词汇。这首词却别具一格。词的上片在开头引用曹植的《洛神赋》描绘美好女子"凌波微步，罗袜生尘"，可作者却用它来描绘邓宰的母亲，祝颂其母亲的不凡不俗，极尽赞美之情。紧接着笔锋突转，直说这位母亲最伟大之处是养育的儿子当了县令，而且政绩了然，"有子鸣琴""有路登瀛"，点出长辈对幼辈望子成龙的心态。这位母亲既享受天伦之乐，又有名声在外，这些华美的评议背后，我们看到的是一幅充盈着人伦亲情的家庭生活图画。最后一句赞美之情溢于言表。

整首词直抒胸臆，写出了对邓母的赞美，语言优美。溢于言表，给这首祝寿词平添了几分意蕴。

穿越时空

行香子·寿邓宰母二月初五

戴玉佩穿华服，步履轻盈的邓母在二月阳春初五诞辰，天气风雨温和。

她的儿子当县令功德圆满可以去仙境瀛洲，祝她彩衣加身，温酒对饮，可以像天上的蟠桃活到一千年，健康长寿。

沙场点兵

1. 全词你最喜欢哪一句？试说说你喜欢的理由。
2. 词中"一霎时风，一霎时雨，一霎时晴"采用了怎样的手法，好在哪里？

参考答案

1. 略。
2. 采用白描，渲染气氛。

（胡小英）

54. 贺新郎·西湖

刘德秀

雨沐秋容薄。莹湖光，琉璃千顷[1]，浪平如削。步绕湖边佳绝处，时涌琼楼珠阁。记一一，经行皆昨。十万人家空翠里，借姮娥，玉鉴相依约。[2] 卷雾箔，飞烟幕。

天机云锦才收却。放芙蓉、岸花十里，翠红成幄。[3] 向晚买舟撑月去，笑引银汉共酌。醉欲起、骑鲸[4]碧落。试唤坡仙哦妙句，问淡妆，此夕如何著。[5] 只云月，是梳掠。

知人论世

刘德秀（1135—1207），南宋词人，字仲洪，号退轩，丰城石滩人。幼孤，天姿英迈，志勤于学。登隆兴元年（1163）进士。淳熙六年（1179）提领户部犒赏酒库所干办公事。庆元元年（1195），右正言，二年（1196）傅仪大夫。开禧元年（1205），签书枢密院事。其为政，严而不苛，慈而多惠，心廉能闻于朝，一生力攻伪学，著有《退轩遗稿》《默轩词》。《全宋词》仅收录"贺新郎"词一首。

助学通道

[1] 琉璃千顷：形容西湖水面广阔，像琉璃一样洁净透明。

[2] 语出宋·柳永《望海潮》（东南形胜）"烟柳画桥，风帘翠幕，参差十万人家。"姮娥：相传为月神。玉鉴：指月亮。

[3] 语出宋·柳永《望海潮》（东南形胜）："有三秋桂子，十里荷花。"

[4] 骑鲸：骑鲸背游海上，喻仙家、豪客，李白自署"海上骑鲸客"，南宋·陆游《八十四吟》："饮敌骑鲸客，行追缩地仙。"

[6] 北宋·苏东坡《饮湖上初晴后雨》诗有"欲把西湖比西子，淡妆浓抹总相宜"之句。

含英咀华

自古以来很多文人骚客对西湖情有独钟，白居易、杨万里、苏轼等都留下了千古绝句，在词的上片中，作者用清新洗练的笔墨描绘雨后西湖的空灵、洁净。先描写一场秋雨之后西湖上已有了薄薄的凉意，湖面上风平浪静，水面广阔，像琉璃一样洁净透明，作者在这里连用两个比喻"琉璃千顷，浪平如削"进行形象的描绘。作者再游西湖时，云雾缭绕中不时涌现出来的亭台楼阁，让他不禁回想起往昔，西湖的景色是那么安详。词的下片西湖的荷花最引人注目，北宋杨万里《晓出净慈寺送林子方》曾写过"接天莲叶无穷碧，映日荷花别样红"。柳永《望海潮》（东南形胜）也称西湖"有三秋桂子，十里荷花"。可作者不光写了荷花"十里"的连绵，而且把它们的色彩极尽渲染"翠红成幄"，在这么美的景色中，诗人渴望邀月共饮，变成神仙，只为与苏轼共同来描绘眼前的美景，词人大胆想象，抒写他的豪情与洒脱。最后一句，回到现实，陪伴他的只有云和月，表达一种凄凉、寂寞之情。

穿越时空

贺新郎·西湖

一场秋雨过后西湖有了薄薄的秋意，无边的湖水波光粼粼，像琉璃一般洁净透明，湖面风平浪静。漫步行至湖边佳景处，看到倒映在湖水中的琼台楼阁若隐若现。一一记起曾经走过的地方，如同就在昨日。十万人家掩映在空蒙青翠的湖边，皎洁的月色倾泻下来，是那么安详。

湖面上水气翻腾，云雾缭绕，天上的彩霞刚刚退却，放眼望去，绵延十里荷花，成了一道翠红交错的帷幄。傍晚租一条小船乘着月色驶进西湖，对着月光开怀畅饮。醉意朦朦，飘飘欲仙。试唤东坡吟诵佳句，想问问今晚西湖的淡妆该如何描摹。只有天上的云和月为西湖梳妆打扮。

沙场点兵

1. 词的最后一句"只云月，是梳掠"表达作者怎样的感情？谈谈你的认识。

2. 试搜集古人描写西湖的名句并背诵。

参考答案

1. 凄凉、孤寂。

2. 苏轼的"欲把西湖比西子，淡妆浓抹总相宜"。

杨万里的"接天莲叶无穷碧，映日荷花别样红"。

（胡小英）

55. 减字木兰花·杜南安和昌仙词见示，次韵酬之

徐鹿卿

狂[1]吟江浦。不食人间烟火语。韦曲[2]名家。也试河阳[3]一县花。

群仙推去。暂寄岭梅清绝处。[4]笑俯清溪。只有清风明月知[5]。

知人论世

徐鹿卿（1170—1249），字德夫，号泉谷。丰城（今江西丰城）人，宁宗嘉定十六年（1223）进士。迁太府少卿，历礼部侍郎。方正廉约，享有盛名。卒谥清正，有《清正存稿》六卷。《彊村丛书》辑有《徐清正公词》一卷。

助学通道

[1] 狂：张狂。

[2] 韦曲：地名，在陕西长安县，唐时以诸韦居此而得名。

[3] 河阳：河南孟州。潘岳为河阳令，遍栽桃李，见《白帖》，庾信《枯树赋》："若非金谷满园树，即是河阳一县花。"

[4] 暂：暂时。寄：寄居。

[5] 知：明白，懂得。

含英咀华

上片用典，以"河阳一县花"的典故含蓄地表达对江浦的喜爱与赞美，"不食人间烟火"衬出江浦如蓬莱仙境，无世俗之染，无追名逐利之风。

下片写各路神仙争相前去。作者在这天下清静之绝处，微笑

着俯视那清澈的溪流，感觉只有清新的风和皎洁的月亮懂他。借"清溪""清风""明月"表现作者清正廉洁的品性。

"狂""笑"二字，表现作者以清廉自居，外人眼中的狂，实则是他对追名逐利者的蔑视。

穿越时空

减字木兰花·杜南安和昌仙词见示，次韵酬之

在长江岸大声吟诗，吟的是仙言仙语，似韦曲的名家，也尝试着吟出庾信的名句。

群仙争相前去，我暂时寄居在岭梅那极清静的地方，微笑着俯视那清澈的溪流，只有清风明月了解我。

沙场点兵

1. 品味全词，你最喜欢哪一句？试说说你喜欢的理由。
2. 本词表达了作者怎样的思想感情？

参考答案

1. 略，言之成理即可。
2. 表达了作者对追名逐利之风的蔑视和对廉洁生活的追求。

（易招兰）

56. 昭君怨·醉别小妓丽华

郭应祥

歌舞籍[1]中第一。情致[2]人间第一。年纪不多儿。尽娇痴[3]。

昨夜华严阁下。今夜海棠洞下。多少别离情。泪盈盈[4]。

知人论世

郭应祥（1158—?），字承禧，号遯斋，临江（今江西清江）人，孝宗淳熙八年（1181）进士。曾官楚、越间，有《笑笑词》一卷，其他事不详。

助学通道

[1] 籍：书籍，典籍。
[2] 情致：才情雅致。
[3] 娇痴：娇小天真，未知世故。
[4] 泪盈盈：似"执手相看泪眼，竟无语凝噎"。

含英咀华

这是一位怎样的女子呢？歌舞是典籍记载中的第一名，情韵与雅致亦是人间第一，正值妙龄之时的你，极尽娇小天真。上片用夸张手法，让我们感受到一位人间佳丽的美丽动人。

下片情感急转直下，在对女子赞美声的回忆里，想到昨晚在华严阁的温情缱绻便温情脉脉，而今夜却马上要在海棠洞下别离，"泪盈盈"既让我们感受到作者对女子的依恋，也写出女子对作者的依依不舍，泪眼蒙眬送别。

穿越时空

昭君怨·醉别小妓丽华

　　书籍记载中能歌善舞天下第一，情韵雅致天下第一，小小的年纪，数不尽的娇小天真。

　　犹记得昨晚华严阁的温声细语，而今夜却挥泪离别华严阁，无语凝噎。

沙场点兵

　　1. 品味全词，你最喜欢哪一句？试说说你喜欢的理由。

　　2. 试找出全文最能表达作者情感的句子，并作简要分析。

参考答案

　　1. 略。

　　2. "今夜海棠洞下。多少别离情。泪盈盈"中的"泪"字表达作者对小妓的不舍，对离别的伤感。

（易招兰）

57. 玉楼春

朱景文

玉阶琼室冰壶帐。[1]凭地水晶帘不上。儿家住处隔红尘，云气悠扬风淡荡。[2]

有时闲把兰舟放，雾鬓风鬟乘翠浪。[3]夜深满载月明归，画破琉璃千万丈。[4]

知人论世

朱景文，字元成，江南西路临江军清江县人。孝宗乾道五年（1169）中进士，调授筠州司户，后调分宜县尉，未赴任而卒。

助学通道

[1] 玉阶：玉石砌成或装饰的台阶，亦为台阶的美称。琼室：仙人所居之室。

[2] 红尘：指繁华的都市，纷纷攘攘的世俗生活，借喻名利之路。悠扬：连绵不断。淡荡：和舒。

[3] 兰舟：兰木做的船。雾鬓：指女子美丽的头发。

[4] "夜深"句：化自船子和尚偈语"满船空载月明归"，见宋·惠洪《冷斋诗话》。琉璃：水晶。

含英咀华

词上片用"玉阶""琼室"写出住处之美，如仙居之处，"云气悠扬风淡荡"写出环境之美，上片写景，为下片抒情作铺垫，"隔红尘"可感受出作者淡泊名利的心境。

下片一个"闲"字统领，写出悠闲恬淡的生活之美。最后一句意蕴深长，让我们仿佛置身于画中，感受作者那无忧无虑的生活。

玉楼春

碧玉做的台阶，冰壶帘帐的仙居之处，不知怎的水晶帘总是合不上，我所住之地隔绝世俗，过着云淡风轻的生活。

有的时候泛兰舟于湖上，带着美丽的女子推开波浪，深夜在明亮的月色下划船回家，水面上划下了很远的水纹。

沙场点兵

1. 请抓住结尾两句，发挥联想，写500字左右的短文。
2. 你喜欢词中哪句，试陈述理由。

参考答案

1. 略。
2. "夜深满载月明归，画破琉璃千万丈。"诗中有画，画中有诗，一幅月归图展现在我们面前，"载"字写出作者悠闲自在的生活，"画"字向我们展示出河水在月光照映下的美景。

（易招兰）

58. 朝中措

王武子

画眉人去掩兰房，金鸭懒薰香。[1] 有恨只弹珠泪，无人与说衷肠。

玉颜云鬓，春花秋月，辜负韵光[2]，闲看枕屏风上，不如画底鸳鸯。

知人论世

王武子，一名子武，字文翁，丰城（今属江西）人，生卒年不详，开禧元年（1205）进士，曾为江夏尉。

助学通道

[1] 画眉人：指女主人公的丈夫，用张敞画眉的典故。史载汉京兆尹张敞为妻画眉，有人传之于帝，帝问之，敞答曰："臣闻闺门之内，夫妇之私，有过于画眉者。"后人常以张敞画眉喻夫妇闺房中和谐恩爱的情趣。兰房：泛指女子闺房。金鸭：用金属做成的鸭形香炉。薰香：在香炉中，薰烧香料，使屋内弥漫幽香，这是古代稍有身份的人家闺阁中的日常之事。

[2] 韵光：美好的光阴，词中指美好的青春年华。

含英咀华

闺思、闺怨本是女子自身生活的题材，若出自女子之手，或可目之为真情实感的披露，而许多男性文人手法精妙，观察细致，他们于这类题材亦不乏真切感人的名家大手之笔。南宋词人王武子的这首《朝中措》无疑也是一首模拟女子口吻，为女子代抒情怀之佳作，其清绮流丽、明净疏朗的婉约词风和刻意缠绵、词藻华丽的花间派情韵，亦值得一诵。

词的上片写思妇闺中独守的寂寞，"画眉人去掩兰房"一句开篇贴船下篙，落笔见旨，丈夫离去，妻子独掩闺房，一个"掩"字在客观叙述中暗含主观情感。第二句"金鸭懒薰香"，薰香本是古代稍有身份的人家闺阁日常之事，"懒"字实质是女主人慵倦无聊，心绪不宁的情感外化，紧接两句"有恨只弹珠泪，无人与说衷肠"进一步描述女主人悲哀寂寞的情景。

词的下片描写闺中女子独守空房、青春虚掷的悲哀。前三句中，女主人面对寂寞孤独的生活，不禁感到辜负自己的青春玉颜、大好年华。古代不知有多少女子，丈夫或戍守边防，或宦游四海，或贾利市廛，或行役他乡，竟至空房独守，年华虚度。词中女主人亦有无奈的相思之苦，白头之怨。最后两句，写女主人公见到绣枕和屏风上的鸳鸯画面，不禁发出人不如鸟的叹惋，全词在触景伤情中缩结。

纵观整首词，笔法简约，情虽怨极，而辞却平和，实属不易。

穿越时空

朝中措

画眉人已去留我独掩闺房，纵有金鸭香炉亦懒于薰香，满腔愁怨无人诉说，暗自落泪。

青春玉颜已逝韵华已不再，空房独守闲看绣枕屏风，绣枕屏风上鸳鸯嬉戏，黯然神伤。

沙场点兵

1. 品析全词，思考词人是如何把握闺中女子细腻情感，代女子抒写闺怨情怀的？

2. 词下阕后两句"闲看枕屏风上，不如画底鸳鸯"极写女主人公的不幸命运，发出人不如鸟的感慨，试结合全词内容揣摩女主人当时的心理活动，用生动形象的语言表达出来。

1. 词人通过细致观察，借助对女主人细腻的心理活动刻画代其描写闺怨情怀，如词中"懒"字和"掩"字，将女子在丈夫离去之后的慵倦无聊，心绪不宁的寂寞情愁，写得细致入微。

2. 示例：我静待闺中，无聊寂寞至极。目睹绣枕与屏风上的鸳鸯，它们含情脉脉，双双嬉戏，怡然自得。什么时候我与郎君也能如它们一样出双入对，尔侬我侬呢？

（付绍姬）

59. 祝英台近·寿张路钤[1] 四月初一

李义山

夏初临，春正满，花事在红药[2]。一阵光风，香雾喷珠箔[3]，画堂旧日张家，梦中玉燕[4]，早拂晓，飞来帘幕。

酒深酌。曾记走马长安，功名戏樊郭，螺浦如杯[5]，豪气怎生著，直须用了圯编[6]，封侯万户，却归共、赤松翁约[7]。

知人论世

李义山，字伯高，号后林，丰城（今属江西）人，南宋成都通判李修己之子，为唐宗室曹王李明后裔。南宋宁宗嘉定十三年（1220）进士，后为湖南提举摄帅漕，历阶至中正大夫，宝祐年间，为淮东运判，劾罢，经赦，主管玉局观（明隆庆《仪真县志》卷四）。有《后林遗稿》《思过录》，已佚事见《后村大全集》卷九八《李后林寺》《宗元学案》卷七二。

助学通道

[1] 路钤：武官有钤辖之职。

[2] 红药：指红芍药花。

[3] 珠箔：用珠串起来的帘子。

[4] 梦中玉燕：引用玉燕投怀的典故。唐·张说的母亲，梦有一玉燕投入怀中，怀孕而生张说，后说为宰相，事见《开元天宝遗事》。

[5] 螺浦如杯：指螺制的酒杯。

[6] 圯编：张良曾游下邳圯上遇一老父，授一编书。曰："读此则为王者师矣。"视之，乃《太公兵法》。见《史记·留侯世家》。

[7] 赤松翁：即赤松子，古仙人，神农时为雨师。"愿弃人

间事，欲从赤松子游耳。"见《史记·留侯世家》。

含英咀华

祝寿之词，风格多样，其主旨不外乎夸赞其平生有为，祝福其长寿、安康之类，这首词却别具一格，在极力渲染寿席场景的清丽之余，与朋友一道回忆两人戎马一生经历的感慨溢于言表，使这首祝寿词平添几分意蕴。

词的上片写祝寿场面的美，"夏初临"五句，交代时令正值春末夏初，阳光明媚，当群芳已谢，芍药初绽之时。微风吹拂，芬芳直沁帘内，为寿宴平添几分情趣。紧接着"画堂旧日张家"四句，巧妙地借用玉燕投怀之典故，"玉燕"既指春燕飞来与张路钤寿宴助兴，言词中又充溢对张路钤戎马一生的夸赞，一语双关，实属巧妙。

词的下片则侧重于身世、感慨，简短的"酒深酌"三字既说出词人与朋友深厚的情谊，又自然从推杯送盏中写出对昔日往事的回忆。"曾记"四句，将自己与朋友走马长安期间历尽艰辛、斩获功名、螺杯畅饮的豪情刻画无遗。紧接着却化用张良封侯典故，将笔锋一转，将自己戎马一生终遭弹劾的不幸遭遇，与张良偶得《太公兵法》而封侯的幸运相比，感慨生不逢时，怀才不遇。

末两句"却归共，赤松翁约"更是劝慰朋友功成名就，功高震立之后适时隐迹避祸，贻养余年。

整首词以祝寿为题材，却能跳出窠臼，将平生经历与阅尽官场沧桑之后的无限感慨巧妙渗入词中，又不乏真切，流畅。

穿越时空

祝英台近·寿张路钤四月初一

春满夏初，红芍怒放，芬芳喷珠帘。遥想张母玉燕投怀，引得路钤来。

酒酣畅怀，走马长安，赢得功名日。羡张良封侯，劝路钤趁功高隐迹。

沙场点兵

1. 品读全词，你从这首祝寿词中，还能品出词人暗含的其他情感吗？试分析。

2. 运用典故是这首词的一大亮点，试结合词作内容，查找相关资料，体味词中的几个典故。

参考答案

1. 对朋友戎马一生的高度赞扬；对自己怀才不遇的感慨；阅尽世事沧桑的嗟叹。

2. 见"含英咀华"部分。

（付绍姬）

60. 水调歌头·致仕[1]得请

徐经孙

客问矩山老，何事得优游[2]。追数平生出处，为客赋歌头。三十五时侥幸，四十三年仕宦，七十□归休。顶踵[3]皆君赐，天地德难酬。

书数册，棋两局，酒三瓯[4]。此是日中受用，谁劣又谁优。寒则拥炉曝背，暖则寻花问柳，乘舆狎沙鸥。[5]知足又知止，客亦许之不。[6]

知人论世

徐经孙（1192—1273），字仲立，初名子柔，丰城人。生于宋光宗绍熙三年，卒于咸淳九年，年八十二岁。家在洪、抚之间，有山方正，因号矩山。宝庆二年（1226）第进士，授浏阳主簿。辟永兴令，知临武县。累迁太子左庶子，太子詹事，敷陈经义，随事启迪。景定三年（1262）春雷，诏求直言。经孙奏数年来忠谠之气，郁不得行，上帝降鉴，假雷以鸣。人谓切中时病。累官翰林学士知制诰。公田议起，经孙极论其厉害，忤贾似道，罢归。受湖南安抚使、知潭州，不拜。授端明殿大学士，闲居十余年，卒。谥文惠。经孙作有《矩山存稿》五卷，《四库总目》传于世。

助学通道

[1] 致仕：交还官职，即退休。《后汉书》古代官员正常退休叫"致仕"。源于周代，汉代以后形成制度。

[2] 优游：闲暇自得。"慎尔优游，勉尔遁思。"见《诗经·小雅·白驹》。

[3] 顶踵（zhǒng）：从头到脚，整个的。踵，脚后跟。

[4] 瓯（ōu）：瓯子。饮酒或喝茶的没有把的杯子。

[5] 曝（pù）背：以背向日取暖，晒太阳。"百岁老翁不种田，惟知曝背乐残年。"见《野老曝背诗》。寻花问柳：指游玩观赏春日美景。唐·杜甫《严中丞枉驾见过》诗："元戎小队出郊坰，问柳寻花到野处。"乘舆（yú）：坐车子。《吕氏春秋·不屈》："惠子易衣变冠，乘舆而走，几不出乎魏境。"《晋书·王忱传》："玄尝诣忱，通人未出，乘轝直进。"狎（xiá）沙鸥：与鸥鸟亲近嬉戏。狎：亲近。《论衡·龙虚》："龙之为虫也，鸣可狎而骑也。"

[6] 知足又知止：谓自知满足，不作过分的企求又懂得适可而止。不（fǒu）：通"否"，句末语气词，表询问。

含英咀华

此词为词人请求辞官，告老还乡之作。全词语言直白，借客问我答写出词人对悠闲生活的向往之情，以此表明提出请辞的心迹。

词上阕以"客问矩山老，何事得优游"起笔，追叙自己生平事迹。在叙事中表达对君主恩赐的感激之情。

词下阕词人想象辞官后悠闲的生活：看书、下棋、喝酒、晒太阳、赏春、狎鸟，希望君主能够答应自己的请求。这表达了词人对这种闲适生活的向往之情。

穿越时空

水调歌头·致仕得请

有人问我什么事情最悠闲自得。追忆平生经历，我就写下这首水调歌头来回答。三十五岁时侥幸考中进士，四十三年官场沉浮，七十岁终于可以退休。从头到脚都是皇上的恩赐，这种恩德我难以报答。

看几本书，下两局棋，喝几杯酒。这是每天日常所做，比起

官场的忙碌谁优谁劣难以言明。冬天寒冷时就在家围着火炉烤火，天晴时晒晒太阳，春暖花开时就出去游玩观赏春日美景，坐在车上与鸥鸟亲近嬉戏。日子过得惬意而满足，这其中的乐趣您也认同吗？

沙场点兵

1. 用一段话描述词人辞官后的生活。
2. 对比词中两种生活，你更喜欢哪种？谈谈你的看法。

参考答案

1. 看看书，下下棋，喝喝酒。冬天烤火晒暖，春天郊外踏春赏花问柳，与群鸟嬉戏。
2. 任选其中一种生活，语句通顺，言之有理即可。

（李云丽）

61. 醉江月·子庆母八十

熊大经

人生八十，自儿时祝愿，这般年数。滴露研朱[1]轻点笔，个个眉心丹字。萱草[2]丛边，梅花香里，真有人如此。红颜青鬓，儿时依旧相似。

堪笑生子愚痴，投身枳棘[3]，欲了官中事。万叠关山遥望眼，遐瞬白云飞处[4]。膝下称觞[5]，门前问寝，幸有嵩谟子[6]。更望此去，十分好学彭祖[7]。

知人论世

熊大经（生卒年不详），字仲常，丰城人。建阳县主簿。授龙权令，不行。除从事郎，广南西路提点刑狱司干办公事。有《胖斋集》，不传。

助学通道

[1] 滴露研朱：滴水研磨朱砂。指用朱笔评校书籍，此处指用朱笔在额头上点红痣。明·叶先宗《鸾鎞记·品诗》："滴露研朱非草草，从容鉴定庶无尤。"

[2] 萱草：母亲。"焉得萱草，言树之背。"见《诗经·卫风·伯兮》。

[3] 枳棘（zhǐ jí）：枳木与棘木，因其多刺而称恶木，喻小人，亦喻艰难险恶环境。此处指官场。

[4] 白云飞处：思亲之辞。"仁杰登太行山，反顾，见白云孤飞，谓左右曰'吾亲舍其下。'瞻怅久之。"见《唐书·狄仁杰传》。

[5] 觞（shāng）：酒具。

[6] 嵩（sōng）谟子：即周嵩、周谟。晋朝重臣周顗的母亲

李络秀，弃门户之见，嫁与安东将军周浚为妾，生三子颛、嵩、谟。后颛登显贵之位，嵩对其母说：我等生性坦率耿直，不被社会所容，只有阿奴（周谟）平庸无能，才能奉养母亲终老。后果真如此。

[7] 彭祖：即彭铿，道家先驱，善于养生，寿八百岁。见刘向《列仙传》。

含英咀华

这是一首仕途在外的儿子为母亲八十大寿时所作之词。

上阕起首"人生"两句，道出了词人的心声：儿时就希望母亲能活到八十岁，没料到自己的母亲现在真的活到八十岁，并且红颜黑发与儿时记忆中的母亲一样，让人欣喜不已。古时能活到八十，曰耄耋之年，是为高龄（古时男性称寿，女性称福）。"萱草"一句，道出其母亲已至耄耋之年。古时学子进京赶考，或游子远行、外出经商，在和母亲告别时，儿子都会在北堂前种满萱草，祈愿妈妈看到萱草花开会减轻对游子的思念，忘却思念带来的烦扰，萱草也因之称忘忧草（传说食萱草能令人忘忧）。故而母亲住的屋子又叫萱堂，萱草就成了母亲的代称。虚实结合表达对母亲长寿的祝愿和喜悦之情。

下阕写词人投身仕途，尽力为朝廷效力。远离家乡，在母亲八十大寿之际，只能遥祝母亲安康。"膝下称觞，门前问寝，幸有嵩谟子"句运用典故表明承欢膝下敬酒祝寿，堂前问寝尽孝，幸有其他兄弟代劳。"十分好学彭祖"句盼祝母亲大人能学彭祖，养生长寿。下阕表达词人忠孝不能两全的无奈之情。

穿越时空

酹江月·子庆母八十

从小就祝愿母亲能长寿活到八十高龄。想象母亲用朱砂在每个孩子眉间轻轻点上红痣。母亲住处萱草丛丛，梅花香气袭人，在这雅景中母亲果真活到八十岁了。黑发红颜容貌与儿时记忆一样。

可笑我愚笨无知，已投身仕途，只想尽力完成好朝廷之事。万水千山远离家乡，母亲大寿只能遥遥祝福母亲。幸而端起酒杯在母亲面前祝寿，堂前问候母亲起居的事情有其他兄弟代劳。而我更希望母亲八十以后还能像彭祖一样活到八百岁。

沙场点兵

1. 词中运用典故的是哪句？
2. 全词表达的思想感情是什么？
3. 请写一段祝寿辞表达对母亲的祝福之情。

参考答案

1. 膝下称觞，门前问寝，幸有嵩谟子。
2. 表达了词人对母亲长寿的祝愿之情和忠孝不能两全的无奈之情。
3. 言辞之中能准确地表达出对母亲寿辰的祝福之意即可。

（李云丽）

62. 水调歌头·临桂[1]水月洞

曾宏正

风月无尽藏，泉石有膏肓。[2]古今桂岭奇胜，骚客费平章。[3]不假鬼谋神运，自是地藏天作，圆魂镇相望。[4]举首吸空翠，赤脚踏沧浪。[5]

惊龙卧，攀栖鹘，翳鸾凰。[6]秋爽一天凉露，桂子更飘香。坐我水精宫阙，呼彼神仙伴侣，大杓挹琼浆。[7]主醉客起舞，今夕是何乡！

知人论世

曾宏正，生卒年不详，临江（今属江西省）人，曾三聘之子。曾为大理丞。淳祐中任直秘阁、湖南提刑、广西转运判官，调广西运使。存词一首。

助学通道

[1] 临桂：县名，今属广西桂林市。

[2] 风月：清风和明月，泛指景色。无尽藏：是佛家语，意为无尽的宝藏。苏轼《前赤壁赋》："是造物者之无尽藏也。"这里是无限、无穷无尽的意思。泉石：代指山水。《南史·陶弘景传》："有时独游泉石，望见者以为仙人。"膏肓：本为中医学名词，指人体药物不至之部位。这里是比喻人迹罕至之处。

[3] 骚客：诗人。自从《离骚》以来，作诗的人大多模仿它，故称诗人为骚人。平章：品评。

[4] 不假：无须凭借。地藏天作：意谓天造地设，自然生成。圆魂：圆月。唐氏按："魂"字疑"魄"之误。魄是月亮初出或将没时的微光，在诗词中常以之代月亮。

[5] 空翠：同"空碧"，指明镜蔚蓝的天空。沧浪：这里指青绿色的漓江水。

　　[6]鹘（hú）：隼科飞鸟。翳（yì）：遮蔽。鸾凰：鸾鸟凤凰，皆为传说中的神鸟。

　　[7]水精宫阙：即水晶宫，传说龙王所居宫殿。这里喻指水月洞。神仙伴侣：喻指与词人同游之人。挹（yì）：舀取。琼浆：美酒。

含英咀华

　　这是一曲桂林山水的赞歌，是宋理宗淳祐三年（1243）九月作者与吴溉、李可道等游桂林水月洞时所写。象鼻山是桂林著名的风景之一，山在阳江和漓江汇流处，状如巨象伸鼻吸水。山下有一水月洞，是由象鼻和象身形成的圆洞，江水贯流其间，小船可由此通过。洞旁原有唐代修建的云崖轩、宋代修建的朝阳亭，今已不存。洞内外崖壁上有不少石刻，是极为珍贵的文物古迹。

　　词中盛赞了桂林山水，称它是"地藏天作"，是大自然的赐予。词人亲临其境，陶醉于如诗如画、如梦如幻的奇异风光之中，感觉心旷神怡，飘飘欲仙。

　　"风月无尽藏，泉石有膏肓。古今桂岭奇胜，骚客费平章。"这四句大意是：世上的风景是无穷尽的，在这蛮荒、偏僻的地方，却有着让人叫绝的奇山异水。这些奇异的景致，从古至今，已得到无数文人墨客的品评咏赞，与自然之风光并光齐辉。桂林山水甲天下，故词人一开篇便对其大加称赞。对水月洞的题咏，以宋人蓟北处士之诗最为著名，诗曰："水底有明月，水上明月浮。水流月不去，月去水还流。"

　　"不假鬼谋神运，自是地藏天作，圆魂镇相望。"这三句盛赞水月洞乃自然造化而成的。"举首吸空翠，赤脚踏沧浪。"这两句对仗工整，写词人畅游奇景之中，感觉心旷神怡。

　　"惊龙卧，攀栖鹘，翳鸾凰。秋爽一天凉露，桂子更飘香。"这几句交代游览的时间、季节，并描写和渲染当时的环境氛围。词人在这里写景亦真亦幻，意境神秘朦胧，让人仿佛有置身仙境的感觉，为下文的抒感做好了铺垫。

"坐我水精宫阙，呼彼神仙伴侣，大杓挹琼浆。主醉客起舞，今夕是何乡！"这几句表现夜游水月洞，与友人醉饮歌舞的欢畅场面。这一部分中词人极力渲染一种神秘浪漫的意境，处处都弥漫着一股仙气，淋漓尽致地表现出人间仙境之令人忘俗以及游兴之浓，具有强烈的感染力。

词作描写了作者在秋天月圆时节陶醉于象山水月如诗如画的奇异风光中，以至于乐而忘乡的情景，表达了作者对桂林山水的赞美之情。全词笔风飘逸，清幽闲雅，意境优美，淡而不华，情景交融，是一首写景佳作。

穿越时空

水调歌头·临桂水月洞

世上风景无穷无尽，在这蛮荒、偏僻的桂林，却有着山水相依令人叫绝的奇异景色。这些奇异的景致，从古至今，无数文人墨客都竞相赋诗品评。桂林奇景不用借助神工鬼斧修凿，完全是自然的造化，并与圆月深情相望。词人抬头仰望明净蔚蓝的天空，呼吸山间清新的空气，低头赤脚踩踏漓江之水，感觉清爽怡人。

夜幕降临，一轮明月高悬，缥缈的月光下，群山似神龙隐卧，栖息之鹊在此攀隐，树林茂密鸾凤神鸟在此隐藏。秋高气爽，夜晚草木凝露欲滴，更有桂花芳香扑鼻，仿佛自月宫飘下。由于水月洞如水晶宫般神奇，因而唤来诗友们乘月畅游水月洞，痛饮美酒。主客欢醉起舞，忘却今晚身在何处。

沙场点兵

1. 品味全词，你认为词中盛赞桂林山水奇异的是哪一句？
2. 试概括全词主旨。
3. "桂林山水甲天下"，奇山异水吸引着无数文人墨客写下许多脍炙人口的诗篇。试写出三句。

参考答案

1. 不假鬼谋神运，自是地藏天作，圆魂镇相望。

2. 词作描写了作者在秋天月圆时节陶醉于象山水月如诗如画的奇异风光中，以至于乐而忘乡的情景。表达了作者对桂林山水的赞美之情。

3.（1）杜甫的"五岭皆炎热，宜人独桂林"。

（2）李商隐的"地暖无秋色，江晴有暮晖"。

（3）韩愈的"江作青罗带，山如碧玉簪"。

（李云丽）

63. 念奴娇

王义山

题临湖阁。阁在东阳，向巨源[1]所创，洪容斋[2]作记，旧赘漕幕居其下。

南昌奇观，最东湖、好景重重叠叠。谁瞰湖光新佳阁，横把翠峰巀嶭[3]。十里芙蓉，海神捧出，一镜何明彻。鸢鱼飞跃，活机触处泼泼[4]。

容斋巨笔如椽[5]，迎来一记，赢得芳名独。猛忆泛莲[6]前日事，诗社杯盘频设。倚看斜阳，檐头燕子，如把兴亡说。谁迎谁送，一川无限风月。

知人论世

王义山（1214—1287），字元高，号稼村，宋初文学大家王禹偁的后裔。富州（今江西丰城）人。宋末元初诗文家、词人。精《易》学，善词赋。宋末进士。历永州户曹，升通判瑞安军府事。至元十七年（1280）被荐掌江西学事，一年后，退老于东湖之上，环所居皆莲花，因名其堂曰"君子"以自况。又题所居祖宅曰"稼村"。从学者称其为稼村先生。《四库全书总目》称其为文"往往自出新意"。其论诗有"吾闻诗之天，不在巧与新，纤秾寄淡泊，清峭寓简淳"之句。著有《稼村类稿》三十卷。

助学通道

[1] 向巨源：人名，不详待考。

[2] 洪容斋：洪迈，容斋为其号。

[3] 把（yì）：牵，拉。巀嶭（jié niè）：山峰高峻的样子。

[4] 鸢鱼飞跃：鸢鸟在天上飞，鱼儿在水里游，形容各得其

所。活机：生机。泼泼：活跃的样子。

[5] 巨笔如椽（chuán）：如椽的大笔，用来称颂别人的文章或写作才能。

[6] 泛莲：此指任幕府僚佐之职。见《南史·庾杲之传》。

含英咀华

王义山来到南昌的东湖，登上临湖阁题写了这首词。

本词上片写景。第一句总领上片，"奇"字点出了东湖美景的特点，"重重叠叠"这个叠词的运用，让读者感受到东湖美景丰富多彩且富有层次感。接下来，作者从多个角度展现了东湖的美景。"瞰"是俯视，从楼阁向下看到一片湖光，"横"是眺望，将周围的高山翠峰尽收眼底。东湖边山翠楼新，此一美也。东湖，作者用了特写，"十里"夸张地写出荷花之多之盛，让人脑海中浮现"接天莲叶无穷碧，映日荷花别样红"的美丽画面。"海神捧出"的想象，更给东湖抹上了奇特瑰丽的神话色彩，如镜一般的湖水让人神往。东湖荷盛水澈，此二美也。东湖上鸢鸟飞掠滑翔，湖里鱼儿游玩跳跃，与前文之景动静结合，"泼泼"这个叠词，写出了东湖处处生机盎然，给人无限的想象。东湖鸢飞鱼游，此三美也。

词的下片转而叙事抒怀。容斋作记，让东湖楼阁美名流传，东湖的美中又添入了文化气息和高雅之风。作者由眼前的莲花想到了南朝齐王俭的幕府，因他德重学深，用才名之士为幕僚，时人把他的官署比作莲花池（即莲幕）。那时才士云聚，常常作诗畅饮，把酒言欢，是多么的高雅畅快，这一切就好像发生在不久以前。岁月变迁，几经流转，现在自己倚靠在楼阁上，眼前一片沉沉的"斜阳"，屋檐上的"燕子"似乎在诉说着朝代的兴亡。作者借用了"旧时王谢堂前燕，飞入寻常百姓家"的典故，给全词平添了深远的古今之思。最后作者从历史更替回到现实，从旧日盛况回到眼前盛景，以眼前无限风光的东湖结尾，留下了几许赞美，几许惆怅，可谓含蓄深远，让人向往，引人深思。

念奴娇

南昌的奇观，最佳在东湖，美景重重叠叠。任谁站在簇新美丽的楼阁上，都能俯视湖光一片，尽揽翠峰高峻横斜。十里荷花，湖水就似海神捧出的镜子一样，多么明亮透彻。鸢鸟在天上飞，鱼儿在水里游，处处生机勃勃。

洪迈大笔一挥，写下一篇记，让临湖阁美名独具。突然想到齐王俭幕府盛况就像是前天的事，诗社频繁，觥筹交错。倚楼阁，看斜阳，屋檐上的燕子，似乎在诉说着朝代的兴衰。谁迎谁送，都不如眼前这一片湖光，有着无限风月。

1. 你喜欢上片哪一句？请你发挥想象，将这句话所写的画面描绘出来。

2. 下片中作者提到洪容斋作记有什么作用？

1. 示例：我喜欢"十里芙蓉，海神捧出，一镜何明彻"一句。碧绿的荷叶一层一层，蔓延远方，似乎将绿色的舞台铺到了天际，朵朵荷花面若桃花，含羞带笑，似仙女般迎风轻舞，香飘十里。海神也禁不住捧出一泓明镜将舞台照亮，镜中清晰地倒映着荷花清丽的舞姿。

2. 洪容斋作记，写出了洪容斋对东湖及楼阁的喜爱和赞美之情，从侧面表现出东湖景色之美，让人叹为观止，也给东湖之美增添了文化气息和高雅之风。

（江　娟）

64. 霜天晓角·湖上泛月^[1]归

姚 勉

秋怀轩豁^[2]。痛饮天机^[3]发。世界只如掌大，算只有、醉乡^[4]阔。

烟抹，山态活，雨晴波面滑。艇子慢摇归去，莫搅碎、一湖月。

知人论世

姚勉（1216—1262），学名冲，因避讳改名勉，字述之、成一，号蜚卿、飞卿，古天德乡（今江西宜丰县新庄镇）灵源村人。据《新昌县志》载，姚勉"少颖悟，日诵数千言，居常作文有魁天下之志"。稍大，移居丰城龙凤州海觉寺，从江西诗派著名诗人乐雷发习文。淳祐十二年（1252）中举，宝祐元年（1253）进士及第，廷对第一，点为状元。为人正直，刚正不阿。先后授承事郎，秘书省正字，校书郎、节度判官、太子舍人，沂靖王府教授。景定三年（1262），授处州通判，因病而未能赴任，当年谢世，年仅47岁。姚勉学识渊博，富有文才，对程朱理学研究很深，曾被清文化殿大学士朱轼誉为"五盐之杰出者"。姚勉一生文章颇丰，有《雪坡文集五十卷》传世，后被收入《四库全书》和《豫章丛书》，为研究南宋后期历史，尤其是江西风情提供了珍贵史料。

助学通道

[1] 泛月：泛舟赏月。

[2] 轩豁：开朗义。

[3] 天机：天生的悟性、聪明。

[4] 醉乡：喻指醉中的境界。

姚勉的诗作文辞典雅，韵律优美，富于很强的艺术性。这首词足以见其风格。

作者在湖上泛舟赏月，没有先写湖光月色，而是别具匠心，先写当时天气，秋高气爽，明亮开阔，让人读来胸怀开朗豁达，奠定了全词开阔爽朗的意境。在开怀畅饮中，顿生感触，获得开悟。"世界只如掌大，算只有、醉乡阔"，小如掌的世界与大到阔的醉乡对举，比苏轼"人生如梦，一樽还酹江月"，更多了份看尽世事的了然和洒脱。

喝到痛快，醉成洒脱。此时，放眼看去，雨后天晴，飘着几抹烟雾，山一下子鲜活起来，看起来尤为清爽鲜亮。晴空下，风烟俱净，水波显得润泽平滑。"滑"字很有质感，通感手法的运用，给人丰富的想象，可谓典雅优美。况周颐云："姚成一《霜天晓角》换头云：'烟抹，山态活，雨晴波面滑。'五字对句，上句作上二下三，抹字叶。不唯不勉强，尤饶有韵致，词笔灵活可喜。"（《蕙风词话》卷二）此时一切是那样的安谧明朗。连波上荡漾的小船，作者也情不自禁地让它慢摇回去，不要搅碎了这一湖平静的月。作者对眼前美景及安谧疏朗氛围的喜爱与珍惜，溢于言表。这一湖月再次醉倒了诗人，醉倒了读者。

霜天晓角·湖上泛月归

秋高远明豁。痛饮后悟性得到开发。世界只是巴掌那么大，算起来只有醉中的境界最为开阔。

烟雾几抹，山态鲜活，雨过天晴水波表面光润柔滑。小船慢摇回去呀，不要搅碎了这一湖月。

1. "秋"常给人以萧瑟凄凉之感，本词中的秋带给你什么样的感受呢？请结合本词具体分析。

2. 对"世界只如掌大"，你有怎样的理解和感悟？

参考答案

1. 本词中的秋是清新爽朗的。"轩豁"写出了秋的明朗，"阔"字将秋天延伸得更加开朗广阔。雨后天晴，山上几抹烟雾流动，一个"活"字，将秋也写活了，是那样富有生气。"一湖月"，意境静谧开阔，毫无萧瑟凄凉之感。（能结合一处诗句进行分析，理解本词中"秋"的意境即可）

2. 示例：手掌一般大，极言人们眼中的世界很小，只看得到富贵名利。只有酒醉的境界开阔无比，可以在这里看到云山湖月，可以让人在广阔的天地间任意遨游。作者"淡泊以明志"，让我们感受到人的眼界有多大，世界就多大；人的心怀有多大，天地就有多大。（言之成理即可）

（江　娟）

65. 疏　影

银云[1]缥缈。正石梁倒挂，飞下晴昊。[2]早挽悬河，高泻鲸宫[3]，洪声百步低小。分明仙仗[4]崆峒过，又化作、归帆杳杳。倚参差，翠影红霞，远落明湖残照。

曾共呼龙天矫[5]。几回过月下，先种瑶草[6]。九叠屏风[7]，青鸟冥冥，更约谪仙重到。昨梦骑黄鹄，飞不去、和天也笑。等恁时、秋夜携琴，已落洞天霜晓。

知人论世

彭履道，字适正，号正心，江西丰城人。《全宋词》收录其词三首，分别为《凤凰台上忆吹箫》《兰陵王》《疏影》。

助学通道

[1] 银云：瀑布。
[2] 石梁：石桥。晴昊：晴空。
[3] 鲸宫：犹龙宫水国。
[4] 仙丈：仙人的乐队仪仗。
[5] 天矫：屈曲婉转变化之态。
[6] 瑶草：传说中的仙草，如灵芝等，服之长生。
[7] 九叠屏风：指庐山群峰为屏风九叠，"庐山秀出南斗旁，屏风九叠云锦张"见李白《庐山谣》）。

含英咀华

历代诗人对庐山瀑布多有赞赏，如李白的"日照香炉生紫烟，遥看瀑布挂前川。飞流直下三千尺，疑是银河落九天。"

庐山瀑布为何让彭履道如此喜爱？"银云缥缈。正石梁倒挂，飞下晴昊。早挽悬河，高泻鲸宫，洪声百步低小。"作者从庐山瀑布的源头写起，在若隐若现的白云中，悬挂在石峰当中飞流直下，像悬河水一样泻入水国龙宫，其发出的轰鸣在百步之外，才略微减小。

从形、色、声等实处出发描绘出了庐山瀑布的宏伟气势。"分明仙仗崆峒过，又化作，归帆杳杳。倚参差，翠影红霞，远落明湖残照。"作者想象瀑布是仙家仪仗过崆峒山，倚仗高低起伏，带着翠绿的疏影红色的晚霞，注入鄱阳湖，落日明湖，归帆杳杳而去，描绘出了瀑布一路而去的秀美风光。"曾共呼龙夭矫。几回过月下，先种瑶草。九叠屏风，青鸟冥冥，更约谪仙重到。"此处作者用拟人的手法描写了瀑布的蜿蜒曲折之形，更发出了约谪仙再来细细品味的想法，表现出了作者对庐山瀑布有了更深层次的认识。"昨梦骑黄鹄，飞不去、和天也笑。等恁时、秋夜携琴，已落洞天霜晓。"此几句表达了作者对庐山瀑布这一盛景的无比喜爱，即使是没有成仙，也乐于在此流连，也能在此找到成仙的感觉。

穿越时空

疏　影

从白云缥缈处飞下的瀑布啊！悬挂在石山峰中间，飞下晴空。起始若天河，直泻水国龙宫。轰轰隆隆的声音百步之外才略微减小。这哪是瀑布？分明是仙家仪仗过崆峒，又好似点点归帆杳然而去。一路上，高高低低，起起伏伏，映带着翠绿的树影和彤红的晚霞，远远地消失在明湖落日之中。

曾几何时，还一起惊呼：瀑布像龙一样婉转天矫，她一定先到过几次月下，又在他方先种过了灵芝仙草才过来的。弯弯曲曲的山峦，山峦冥冥中的青鸟，请你再去把谪仙邀来重游。昨夜梦里骑鹤成仙没有成功，没有关系，我对老天大笑。等到明月秋夜，携琴至此，就有了成仙一样的感觉。

1. 品味全词，你最喜欢哪一句？试说出你喜欢的理由。
2. 这首词表达了词人怎样的思想情感？

参考答案

1. 开放性试题，可以从写法、语言、感情等角度谈，答案略。
2. 这首词表达了词人对庐山美丽景色的喜爱赞美之情。

（黄玉清）

66. 木兰花慢·清明后赏牡丹

姚云文

笑花神较懒，似忘却、趁清明。更油幄晴悭，葐庵寒浅，湿重红云。[1]东君似怜花透，环碧缥[2]、遮住怕渠惊。惆怅犊车[3]人远，绿杨深闭重城。

香名。谁误娉婷。曾注谱[4]、上金屏。问洛中亭馆，竹西[5]鼓吹，人醉花醒。且莫煎酥浣却，一枝枝、封蜡[6]付铜瓶。三十六宫春在，人间雨无情。

知人论世

姚云文，字圣瑞，高安（今江西省）人，宋代词人。姚云文为宋代咸淳年间进士。入元朝，授承直郎，官工部、刑部架阁。抚、建两路儒学提举。秩满家居。姚云文的词成就极高，《翰墨大全》中称为姚若川，从此天下同文称姚云。其《紫荑香慢》入选宋词三百首之一。世人评姚云文：字字奇警呜咽，句句锤炼无渣滓，尘世沧桑，可胜浩叹！姚云文著作有《江村遗稿》。《全宋词》录其词九首。

助学通道

[1] 油幄：油布蓬。晴悭：晴少。葐庵：以葐草盖篷，用于防风保温，见欧阳修《洛阳风土记》。

[2] 缥：绿色的罗巾。

[3] 犊车：牛车，宋时贵妇人入宫多乘犊车，见陆游《老学庵笔记》。

[4] 注谱：为花谱记载。

[5] 竹西：扬州名胜之地。

[6] 封蜡：以蜡封花的切口，可数日不谢。

词人以牡丹自喻，上阕通过写牡丹慵懒迟迟不绽放，花神怜惜牡丹，怕牡丹被车轮惊扰来表达自己对牡丹的怜惜。下阕通过写牡丹曾经的富丽茗香、雍容华贵来表达自己不被新朝重用的落寞心情，正如词人所写"且莫煎酥浇却，一枝枝、封蜡付铜瓶"。最后发出感叹，人世间的风风雨雨也是那样的无情。表达了词人屈仕元朝不被赏识的无奈与酸楚。

穿越时空

木兰花慢·清明后赏牡丹

可笑啊，懒懒的牡丹花神，你是不是忘记了，好好绽放要趁清明。换掉了阴雨濛濛时用的油布篷，在微寒的蒻叶棚中，花儿在湿雾中绽放，像一片片红云。花神又看似对牡丹十分的怜惜，给她围上了绿色的方巾，遮住她，恐她遭受车轮的惊扰。驾着牛车看花的贵人带着惆怅已经远去，只剩下绿杨深处紧闭的城门。

这花确实有名，是谁耽误了她美好的青春。她曾登上群芳谱，也曾被描上绣金屏。问问洛中亭台楼馆种植、竹西鼓吹的都是什么，人都醉了，花儿清醒。算了，不要让人间烟火将其污染，剪下她，一枝枝封好蜡，插进铜质的花瓶。尽管各处春色依然，但是人世间的风风雨雨是那么无情。

沙场点兵

1. 这首词主要用了哪种表现手法？
2. 这首词表达词人怎样的思想感情？

参考答案

1. 以物喻人。
2. 表达了词人怀才不遇不被赏识的无奈与酸楚，对人世间风雨无情的感慨。

（黄玉清）

曲

Qu

67.【南吕】干荷叶[1]

刘秉忠

干荷叶，色苍苍[2]，老柄风摇荡。减了清香，越添黄。都因昨夜一场霜，寂寞在秋江上。

干荷叶，映着枯蒲，折柄难擎露。[3]藕丝无[4]，倩风扶。待擎无力不乘珠，难宿滩头鹭[5]。根摧折，柄歌[6]斜，翠减清香谢。恁[7]时节，万丝绝。红鸳白鹭不能遮，憔悴损干荷叶。

干荷叶，色无多，不奈风霜锉[8]。贴秋波，倒枝柯。宫娃齐唱《采莲歌》[9]，梦里繁华过。南高峰，北高峰，惨淡烟霞洞。[10]宋高宗[11]，一场空。吴山依旧酒旗风，两度江南梦[12]。

夜来个，醉如酡[13]，不记花前过。醒来呵，二更过。春衫惹定茨藤[14]科，绊倒花抓破。

干荷叶，水上浮，渐渐浮将去。跟将你去，随将去。你问当家中有媳妇？问着不言语。脚儿尖，手儿纤，云髻梳儿露半边。脸儿甜，话儿粘。更宜烦恼更宜忺[15]，直恁风流倩。

知人论世

刘秉忠（1216—1274），元代政治家、作家，字仲晦，初名侃，拜官后更名秉忠。顺德邢州（今河北邢台）人。"生而风骨秀异，志气英爽不羁"。十七岁为邢台节度使府令史，不久弃去，隐武夷山中。后为僧，法名子聪，号藏春散人。中统元年，忽必烈即位，拜光禄大夫，位太保，参与中书省事，为元代著名开国功臣，至元十一年（1274）卒于上都（开平），年五十九。"秉忠自幼好学，至老不衰，虽位极人臣，而斋居蔬食，终日淡然，不异平昔。自号藏春散人。每以吟咏自适，其诗萧散闲淡，类其为人。"（《元史·刘秉忠传》）有《刘秉忠诗文集》三十二卷，《藏春散人集》六卷。散曲今存小令十二首。

助学通道

[1] 南吕：元曲十二宫调之一。声情是"感叹伤悲"。干荷叶：南吕宫曲牌名，又名《翠盘秋》，又入中品及双调。原是民间以干荷叶起兴的小曲，刘秉忠首次用来抒发人生世事的感慨。句式为三三五、三三、七五，七句六韵。

[2] 苍苍：黑绿色。

[3] 蒲：水草名，有的有异味，有的没有异味，品种不一。生池沼中，常与荷杂生。擎：向上举，托住。

[4] 藕：荷的地下茎，折断有丝。丝无，比喻老枯。

[5] 乘珠：盛住露珠。鹭：水鸟名，嘴直而尖。形体修长高大。

[6] 敧（qī）：倾斜。

[7] 恁（nèn）：那。

[8] 锉：切削，这里引申为被风霜摧残之意。

[9] 《采莲曲》是唐代王昌龄创作的七言绝句。《采莲曲》为乐府旧题，内容多为描绘江南水乡秀丽的风光、采莲女的纯洁活泼及她们真挚甜美的爱情生活。

[10] 南高峰，北高峰：在杭州西湖边上，两峰遥遥相对，称"双峰插云"，为西湖十景之一。烟霞洞：在南高峰下的烟霞岭上，为西湖最古的石洞，洞很深。

[11] 宋高宗：赵构。

[12] 吴山：在西湖东南面，俗称城隍山。两度江南梦：指五代吴越和南宋王朝都建都杭州又都亡国。

[13] 酡（tuó）：饮酒脸红的样子。

[14] 茨蘼：用芦苇茅草盖的屋顶。

[15] 忺（xiān）：高兴，适意。

含英咀华

此曲以荷叶喻人。干枯的荷叶在风中摇荡，一如孤苦无依、

容颜不再的女子。"减了清香，越添黄"则暗示女子每况愈下，让人不禁记挂起她的命运。干荷叶被认为是散曲和民歌两相结合的佳作。

干荷叶

其一，干荷叶，色苍苍，老柄风摇荡。减了清香，越添黄。都因昨夜一场霜，寂寞在秋江上。

其二，干荷叶，色无多，不奈风霜锉。贴秋波，倒枝柯。宫娃齐唱《采莲歌》，梦里繁华过。

其三，南高峰，北高峰，惨淡烟霞洞。宋高宗，一场空。吴山依旧酒旗风，两度江南梦。

这三支小令是作者因题起意、即物取喻之作。"干荷叶"又名"翠盘秋"，为刘秉忠自度曲。刘秉忠生于金宣宗贞祐四年（1216），卒于元世祖至元十一年（1274），曾隐居为僧，后留侍元世祖左右，为元朝的开国元勋，但始终过着斋居蔬食的生活。从这样的经历来看，他在这三首曲中所表露的并非一位金遗民或宋遗民悼伤亡国、眷念前朝之情，而是在更广泛的意义上对生命的短促、人事的无常、朝代的更迭所怀的梦幻泡影之感。

这是一位参与缔造王朝、饱历世事沧桑而又曾皈依空门、深受佛家洗礼者对自然界和人世间的观照和感慨。这里还有一点要提到的是：元军攻占杭州在1276年，而刘秉忠此时已亡故，未及见南宋亡后的杭州景物。所以此处所摘的第三首曲子乃是以一个胜券在握的征服者的宰辅对南宋的覆灭遥作凭吊而已。后面的五支小令有的是记梦之作，以梦寄意，借梦境来抒发心里的郁积和愤慨。全曲反复吟唱表现了回环往复的音韵之美。

穿越时空

【南吕】干荷叶

枯干的荷叶，颜色苍苍，干巴的老茎在风里不住地摇荡。清香一点点减退了，颜色一点点枯黄，都是因为昨夜下了一场霜。秋天的江面上荷叶更加显得寂寞、凄凉。

枯干的荷叶，与枯蒲相生，干柄折不能承露，自身难扶，更难荫蔽滩头鹭。根茎摧折，荷杆倾斜，绿意衰减清香不在，荷花已凋谢，这个时节，万千根丝都已灭，宿鸟不能宿，荷叶干枯，容颜憔悴。

枯干的荷叶，翠绿的颜色已经剩得不多了，它受不了寒风吹打严霜折磨。紧贴在秋天的水面上，枝茎已折断倒下，还听见那宫女还在齐声唱着《采莲歌》。可繁华盛景却像梦一样消逝了。

南高峰，北高峰，凄凉惨淡的烟霞洞，宋高宗到头来落得一场空，看如今吴山的酒旗依旧飘动，可杭州已做了吴越和南宋两朝的梦。到晚上，满脸通红，酒醉而归。竟记不起曾在花前经过，醒来时二更已过，衣服上却沾上了春天的花草，绊倒的时候把花儿抓破。

枯干，萍水相逢，随着流水慢慢漾浮，让我随往，于是把我跟上，你问家中已娶婆娘，叫我怎么开言答讲。脚儿尖尖，手儿纤纤，发髻高高脸儿露出半边，脸儿甜甜，话儿粘粘，更是烦恼，更是高兴，真是那么的风流，那么的美好。

沙场点兵

1. 作者是怎样描写干荷叶的？"都因昨夜一场霜，寂寞在秋江上"这两句与前面内容有什么联系？

2. 作者通过写荷叶寄寓了怎样的人生感慨？

参考答案

1. 抓住秋风中残荷的憔悴之状。既写其叶干，又写其柄老；既写其色苍，又写其香减。五、六两句揭示了荷叶由翠绿变为深青，更由深青转为枯黄的原因。

2. 作者通过写荷叶抒发了青春之不再、年华之易逝的慨叹。

（甘玉洁）

68. 【正宫】塞鸿秋·浔阳即景[1]

周德清

长江万里白如练，淮山数点青如淀。[2] 江帆[3] 几片疾如箭，山泉千尺飞如电。

晚云都变露，新月初学扇。[4] 塞鸿一字来如线。

知人论世

周德清（1277—1365），元代散曲家，字日湛，号挺斋，高安暇堂（今属江西）人，所著《中原音韵》一书，对语音学和曲律的研究贡献甚著。《录鬼簿续篇》称其"又自制为乐府甚多，长篇短章，悉可为人作词之定格"。又云："故人皆谓德清之韵，不但中原，乃天下之正音也；德清之词，不惟江南，实天下之独步也。"散曲现存小令一首、套数三套。

助学通道

[1] 塞鸿秋：曲牌名。塞鸿，塞外飞来的大雁。即景：写眼前的景物。浔（xún）阳：江西省九江市的别称。

[2] 练：白绢，白色的绸子。淮山：在安徽省境内，这里泛指淮水流域的远山。淀：同"靛（diàn）"，即靛青，一种青蓝色染料。

[3] 江帆：江面上的船。

[4] 晚云都变露：意思是说傍晚的彩霞，都变成了朵朵白云。露，这里是"白"的意思。初学扇：意思是新月的形状像展开的扇子。

含英咀华

"长江万里白如练，淮山数点青如淀"，这两句是远写。举头远望，目所能及之处，有秋江万里，澄澈耀眼，静如白练，绵延屈曲，伸向远方；有秋山"数点"，葱郁苍翠，青如蓝靛，给人一种秋天特有的苍茫、寂静、高远的感受。作品从大处、远处起笔，为全篇设置了一个宏阔、高远的背景基调。"江帆几片疾如箭，山泉千尺飞如电"，这两句是近写。俯瞰脚下，江上点点白帆，轻疾如离弦之箭；仰望高崖瀑布，飞流直下快如闪电。作者从江与山的众多景物中各截取其一点，从近处、细处着眼于江上疾驶如飞的"江帆"，悬崖陡壁间飞泻千尺的"山泉"。虽然写的只是一个个的景物，却又极富群像性，给人以动态的感官体验。"晚云都变露，新月初学扇"，在这两句里，词人转换了视觉角度，由前边写地上的景物转换为写天上的景物，抓住事物特有的物征描绘了"晚云"与"新月"的情态变化和背景的明暗变化。从"变露"与"学扇"这两个词语里，读者不仅能体会到景物变化的动态美，意态形象的朦胧美，还能清晰地感受到时间的流动感。"塞鸿一字来如线"，写从塞外归来的大雁，排成长长的一字形掠过烟波浩渺的江天，仿佛就像一条细长晶莹的银色丝线。这一句不仅点明了季节时令，也创建了一个令人展开无限遐想的空间。这是一首写景的小令，作者选择了独特的视觉角度，按照由远及近、自下而上的空间顺序，采用了比喻、对仗并用的修辞手法，借助于动态描写的艺术表现形式，为读者勾画了一幅生动传神的浔阳江动态秋景图。"全篇七句四十五字，却尺幅万里。分则一句一景，宛如七幅山水屏画，七个风景镜头，千姿百态，各放异彩；合则构成浔阳江山的立体壮观，好似一部名胜风景影片。其间远近高低，动静明暗，声光色态，无不咸备。真是气象万千而又和谐统一，壮丽雄奇而又韵味无穷。从作品的表现中可以看出，作者善于捕捉充满活力的艺术镜头，在他的笔下，江舟、山泉、晚云、新月、塞鸿这些景点都呈动态，并且都在万里长江和数点淮山这一整体构思中被不露痕迹地融合起来。"

【正宫】塞鸿秋·浔阳即景

　　万里长江犹如一条长长的白色绸缎伸向远方，淮河两岸青翠的远山连绵起伏。江上的片片帆船急速地行驶着，如同离弦的箭；山上的清泉从高耸陡峭的悬崖上飞奔而下，仿佛迅捷的闪电。

　　道道晚霞都变成了白白的云朵，一弯新月宛若刚刚展开的扇子。从塞外归来的大雁在高高的天上一字排开，宛如一条细细的银线。

　　1. 请各举一例说明这首散曲运用的三种修辞方法。

　　2. 这首散曲一句一景，合起来又构成了一幅色彩绚丽的浔阳山水图。请分别从写景的顺序和动静的角度对这首散曲作简要赏析。

　　1.（1）比喻，如将长江比作白练，将江帆比作疾箭，将下泻的山泉比作闪电，将天上一字排开的飞鸿比作一条线等。

　　（2）对偶，如一、二句对偶，三、四句对偶，五、六两句对偶等。

　　（3）比拟，如说新月"学"扇。

　　2. 从写景的顺序看：一、二句写长江万里，远山重重，写的是大处、远景；三四句写江上轻帆，山泉飞流，写的是个体、近景；五、六句则是从前四句的白天转到傍晚，又由地面转到天空。

　　从动静的角度看：一、二句侧重写江山的雄伟壮丽，是静态的；三、四句着重写江帆的迅疾、山泉的飞流，是动态的。

（甘玉洁）